일언천금

일러두기

이 책에 인용된 경영자들의 어록은 주로 니혼게이자이(日本経済新聞), 도요게이자이(東洋経済), 비즈니스저널 등 일본의 주요 경제매체와 각종 자료 그리고 경영자들의 저술에서 발췌했다. 본문에서는 읽는 편의를 위해 구체적인 출처 표기를 생략하였다.

시간이 흐를수록 빛이 나는
위대한 CEO들의 경영 어록

일언천금
一言千金

이재우 지음

사람들의 마음을 움직이고 마침내 세상을 바꾼
천금 같은 말의 힘

인간만사 새옹지마다.
향후 어떻게 될지 아무도 모른다.
단 하나 말할 수 있다면
인생에 쓸모없는 경험은 하나도 없다는 것이다.

마쓰이 타다미쓰

성공 요령으로는
첫째, 자신을 알아야 한다.
둘째, 자신의 고객을 알아야 한다.
셋째, 겸손해야 한다.

아오이 타다오

항상 발밑을 살피세요.
'과연 이대로 계속 달리는 것이 좋은가?
어딘가에 함정은 없는가?'라는 위기감을 가지고
스스로 행동을 냉정하게 판단하는
'사려 깊음'이 필요합니다.

미야우치 요시히코

세상에 대충 해서 얻어지는 건 아무것도 없다. 일이든 삶이든. 현상 유지 역시 마찬가지다. 한발 더 나아가지 않고선 얻을 수 있는 게 아무것도 없다.

노무라 도쿠시치

서문

남을 이롭게 하는 말 한마디는
무겁기가, 귀하기가, 천금 같다

"손이 베일 듯한 물건을 만들어라."
_ 이나모리 가즈오

"피오줌을 눈 적이 없다면 성공한 경영자가 될 수 없다."
_ 마쓰시타 고노스케

일본 경영사의 두 거인이 남긴 어록이다. 짧지만 울림 있는 이 문장들은 단순한 구호가 아니다. 경영 어록은 한 시대, 한 기업의 정신을 담은 압축 파일과 같으며, 언어의 결정체이기도 하다. 몇 줄의 언어 속에 기업을 일군 철학, 집념, 그리고 산업을 바꾼 에너지가 들어 있다.

어록은 책상 위에서 탄생하지 않는다. 대부분 실패의 골짜기나 고통의 현장에서 태어난다. 그래서 '피와 땀의 진동'이 느껴진다. 교과서나 논문에서 찾을 수 없는 '날 것'의 냄새가 난다. 어록은 곧 경영자의 삶 그 자체다. 말이 곧 자산이자 유산인 셈이다. 일본 경영자들은 이를 본능적으로 알았던 것 같다.

그런 어록은 힘이 세다. 기업의 그 어떤 경영전략보다 강하다. 때로는 한 문장이 수십 장의 보고서보다 더 깊이 가슴을 흔든다. 전략은 시대의 흐름에 따라 바뀌지만, 어록은 시들지 않는다. 오히려 시간이 흐를수록 빛이 난다. 사람들의 마음을 움직이고, 영감을 던지며, 행동으로 이어지게 한다. 마침내 세상을 바꾼다.

나는 오래전부터 CEO들의 어록에 매혹되었다. 특히 일본 CEO들의 말은 유난히 마음에 와닿았다. 한국에도 이병철, 이건희 같은 경영자의 위대한 어록이 있지만, 일본은 어록의 양과 깊이에서 달랐다. 산업 근대화가 더 빨랐던 것도 이유일 것이다.

무엇보다 일본의 경영자들은 자신의 철학을 기록하고 전파하는 데 주저하지 않았다. 기업을 일구는 데 도움을 준 어록들이 후배 경영자들의 자산이 되도록 애쓴 것이다. 대표적인 인물이 '기업 회생의 신'이라 불렸던 교세라 창업자 이나모리 가즈오, 그리고 '경영의 신'으로 추앙받았던 파나소닉의 마쓰시타 고노스케이다.

이들은 기업 경영을 하면서 말과 삶을 일치시키려 했다. 그들의 어록은 현장에서의 고뇌, 시대의 풍랑에서 나온 '압축된 생존 전략'이었다. "손이 베일 듯한 물건을 만들어라"라는 이나모리의 말은 허투루 나온 것이 아니다. 그는 평범한 제품을 시장에 내놓는 것을 죄악처럼 여겼다.

그럼 '손이 베일 듯한 물건'이란 대체 뭘까? 예술적 기업가 스티브 잡스식으로 말하면 세상에 없는 '엣지 있는 제품', 세계적인 마케팅 구루 세스 고딘식으로 말하면 '보랏빛 소'(purple cow, 퍼플 카우)쯤 될 것이다.

퍼플 카우는 흔한 소가 아니라, 시장에서 소비자들의 시선을 확 잡아끄는 제품을 뜻한다. 이나모리는 기술과 디자인에서 그런 제품을 만들어야 한다고 믿었다. 그런 생각과 의지가 교세라의 DNA가 되었고, 성장과 성공을 이끌었다.

이나모리 가즈오가 존경했던 선배 기업가 마쓰시타 고노스케는 경영자의 헌신을 '피오줌'이라는 극단적 표현으로 설파했다. 그는 가난과 병약함을 딛고 기업을 일으킨 자기 경험이 곧 '피오줌의 세월'이었다고 고백했다. 그에게 '피오줌'은 은유가 아니라 실제 체험의 언어였다.

어록 저수지에서 퍼 올린 마중물

나는 일본의 이러한 풍토를 '어록의 저수지론'이라 부르고 싶다. 경영자들이 남긴 어록이 작은 물줄기처럼 모여, 큰 저수지를 형성했다는 것이다. 새롭게 CEO가 된 젊은 경영자들은 위기와 도전에 부딪힐 때마다 저수지에서 앞선 선배들의 어록을 꺼내 보았다. 그 어록들을 자신의 것으로 만들거나 심지어 '씹어 먹으면서' 새로운 돌파구를 찾아냈다. 그들은 또 다른 어록을 만들어 냈다. 이렇게 저수지는 마르지 않고 계속 채워졌다.

어린 시절 기억 하나가 떠오른다. 친구 집 마당에 있던 재래

식 물 펌프. 아무리 손잡이를 움직여도 물이 나오지 않았다. 답답해하던 나를 보며 친구가 우물에서 물 한 바가지를 떠 와 펌프 구멍에 부었다. 그러곤 친구 녀석이 위아래로 펌프질을 했다. 잠시 후, 펌프 주둥이에서 물이 콸콸 쏟아졌다. 그때는 몰랐다. 세월이 흘러서야 알았다. 그때 친구 녀석이 미리 채워 넣었던 그 물이 '마중물'이라는 것을.

나는 그런 마중물이 되고 싶었다. 작은 한 바가지의 물일망정. 이 책 역시 일본 경영자들의 '어록 저수지'에서 퍼 올린 마중물이다. 나는 일본 연구자도 전문가도 아니다. 다만 어록의 힘에 매료된 사람일 뿐이다.

일본 CEO 42명의 어록을 담은 이 책의 제목 《일언천금》은 명심보감에서 빌려왔다. 17편(언어편)에 '일언이인 중치천금(一言利人 重値千金)'이라는 말이 나온다. 남을 이롭게 하는 말 한마디는 무겁기가, 귀하기가, 천금 같다는 뜻이다.

이 책은 각각의 어록이 탄생한 배경과 상황을 따라가며, 독자가 쉽게 느낄 수 있도록 노력했다. 이 어록들이 누군가에게는 불을 지피는 화롯불이, 누군가에게는 날을 세우는 숫돌이 되길 바란다. 이 책은 CEO만을 위한 책이 아니다. 스타트업 창업자나 직장인은 물론, 일반인들도 이 어록 속에서 생존의 언어를 발견할 수 있다.

구슬이 서 말이라도 꿰어야 보배라고 했다. 이 책을 엮는 데 도움을 주신 시크릿하우스 전준석 대표님에게 감사드리며, 부지런함을 물려주신 구순의 부모님께 이 책을 드린다.

2025년 10월
성남 남한산성에서 생각하고, 쓰다
이재우

시간이 흐를수록 빛이 나는 위대한 CEO들의 경영 어록 **일언천금**

차례

012	서문
	남을 이롭게 하는 말 한마디는 무겁기가, 귀하기가, 천금 같다

1장 | 도전挑戰

026	지금 하는 걸 뒤집어 보라
031	결정 내릴 땐 망설이지 마라
036	부지런한 초짜가 제일 무섭다
040	어부의 감을 배워라
043	Do형 인간이 성공한다
046	자신감을 가지고 가속페달을 밟아라
051	단련하고, 또 단련하라
055	고객이 원하는 걸 만들지 마라
059	버드나무처럼 살아야 한다

2장 | **성장**成長

- **068** 승부는 칼집에서 결정된다
- **074** 가장 힘든 순간은 바로, 지금이다
- **080** 아수라장을 경험해 보라
- **085** 혹독한 환경이 사람을 더 강하게 키운다
- **090** 안 팔리는 물건엔 이유가 있다
- **095** 교만은 변기 속에 버려라
- **098** 운運, 둔鈍, 근根을 가져라
- **104** 경영은 나무 나이테 같다

3장 | **돌파**突破

- **114** 못 넘을 벽이라면 차라리 뚫어라
- **117** 좁은 길도 비집고 가라

122	비즈니스는 전쟁이다
125	대들보에 바퀴를 달아라
129	비즈니스에 만루 홈런은 없다
134	부정적 마인드를 버려라
138	항상 발밑을 살펴라
142	0.5% 법칙이 성공을 가른다

4장 | **안목** 眼目

150	모난 돌이 되어라
156	매의 눈을 가져라
162	사소한 것을 소홀히 하지 마라
166	가격을 보지 말고 가치를 보라
170	리더는 심리학자가 돼야 한다
174	상대의 발밑을 비춰주라
179	모든 책임은 내가 진다

5장 | 진심 眞心

- 190 뭘 하든 목숨을 걸어라
- 195 작은 일이라도 악바리가 되어라
- 202 남들과 비슷하면 노잼이다
- 208 재미는 일의 중요한 엔진이다
- 213 근성 근육을 키워라
- 217 타인의 이익이 곧 내 이익이다
- 221 신뢰의 안테나를 높여라
- 225 이익보다 양심이 우선이다
- 229 사업과 정직은 서로 깍지 낀 손이다
- 233 정도를 걸어라

1장

도전

挑戰

도전은
삶을 바꾸는 첫 단추다.

안락한 자리에 머무르면 편안할 수 있지만, 그 자리는 곧 무덤이 된다. 지금 가진 것을 뒤집고, 아직 알지 못한 세계로 발을 내디딜 때 비로소 가능성이 열린다. 한 발을 과감히 내딛는 순간, 인생은 다른 궤도로 들어선다. 낯선 길로 나서면 두려움이 엄습하지만, 그 불안을 껴안아야만 앞으로 나아갈 수 있다. 리더에게 도전은 선택지가 아니다. 멈추는 순간 경쟁자에게 시장을 빼앗기고 만다. 리더의 도전은 곧 조직의 생존과 직결된다.

지금 하는 걸 뒤집어 보라

스즈키 오사무
스즈키 전 회장

한 기업(또는 작은 사업, 장사)이 경영 위기에 빠졌다고 가정해 보자. 서둘러 돌파구를 찾는 게 급선무다. 하지만 위기의 원인 찾기가 쉽지 않다. 경영자는 고민에 빠질 수밖에 없다. 스즈키 오사무라면, 그 경영자에게 이런 조언을 할지도 모르겠다.

> 지금 하는 것을 전부 뒤집어 보라.

현 상황을 그대로 유지한 상태에선 답이 나오지 않는다는 얘기다. 현상 유지의 감옥에서 빠져나오는 첫 열쇠는 '반대로 생각하기'다. 뒤집어 보는 순간, 익숙함 속에 갇힌 기회가 새로운 얼굴을 드러낸다.

반대로, "뒤집어 보라"는 말은 기업이 잘 나갈 때도 적용된다. 위기는 늘 도사리기 마련. 딜레마에 빠질 경우를 대비해 판을 뒤집을 수 있는 '눈'을 평소에 갖춰 놓아야 한다는 것이다.

스즈키를 세계적인 소형차와 모터사이클 메이커로 키운 스즈키 오사무(鈴木修, 1930년~2024년) 전 회장. 40여 년 동안 그의 눈과 손과 입은 쉴 틈이 없었다. 철저하고도 지독한 현장주의를 내세웠던 그는 평소 "공장 시찰을 다른 임원에게 맡길 생각은 털끝만큼도 없다"라고 말하곤 했다.

지독하게 현장주의를 강조하다

공장 시찰 때마다 수많은 개선점을 지적해야 속이 풀렸다. '생산 현장'이야말로 그가 진정 사랑하는 직장이었다. 생산을 넘어 영업, 개발 모든 분야에 강력한 원맨 카리스마를 발휘했다. 그런 스즈키 오사무가 경영일선 퇴임을 발표한 건 2021년 2월이다. 1978년 스즈키 사장으로 취임한 그는 인도 진출을 주도하는 등 40여 년간 경영 지휘를 맡았다. 2000년 회장 겸 CEO

에 취임했고, 2016년에는 CEO 자리를 장남인 스즈키 도시히로에게 물려줬다.

스즈키 오사무가 퇴임 결단을 내린 건 세계 자동차 산업이 일대 전환기에 돌입한 것과 무관하지 않았다. 자동차 업계 톱인 토요타 자동차의 도요다 아키오 회장은 그런 상황을 '100년 만의 대변혁기'라고 표현했다. 세계 자동차 산업은 커넥티드(Connected), 자율주행(Autonomous), 공유(Sharing), 전동화(Electric)의 이니셜을 딴 'CASE'라는 새로운 영역으로 빠르게 가속도를 높이고 있었다.

시계를 1958년으로 되돌려 본다. 마츠다 오사무라는 사람이 있었다. 기후현 태생으로 주오대 법학과를 졸업한 그는 은행에 첫발을 들여놓으면서 사회생활을 시작했다. 그런데 대학 졸업 5년 후인 1958년, 은행원이던 그의 인생에 일대 큰 변화가 찾아왔다. 스즈키 자동차의 실질적 창업주인 스즈키 슌조의 데릴사위가 된 것이다.

마츠다 오사무는 스즈키 슌조의 장녀와 결혼해 '사위 양자'가 됐고, 그의 이름은 마츠다 오사무에서 스즈키 오사무가 되었다. 그런 그에게 또 다른 큰 변화가 닥친 것은 1977년 무렵이다.

창업자인 스즈키 미치오와 2대 회장인 스즈키 슌조 등 주요 경영자들이 잇따라 병으로 쓰러지는 바람에 뜻밖에 사장 자리에 오르게 된 것이다. 입사 20년이 지난 1978년의 일이다. 그는 당시 사장 자리를 맡으면서 "등골이 오싹했다"라고 회고하기도 했다. '스즈키 자동차공업'이란 이름을 현재의 '스즈키(Suzuki)'로 바꾼 건 1990년이다.

우물을 파려면 제일 먼저 파라

스즈키 오사무의 현장 관리는 지독했다. 경차는 이익을 남기기가 어렵기 때문에 생산원가 절감이 생명이다. 오사무는 공장 바닥에 나사 하나가 떨어져 있으면 "공장 바닥에 돈이 떨어져 있다"라며 한 푼의 돈도 허투루 하지 않았다고 한다.

효자 상품 알토(Alto:라틴어로 높다는 뜻의 altus에서 따왔다)를 중심으로 서서히 경차 시장을 접수해 나갔다. 스즈키의 역사에서 빼놓을 수 없는 게 인도 진출이다. 오사무는 "우물을 파려면 제일 먼저 파야 한다"라며 일본 자동차 메이커 중 가장 먼저 인도 시장에 눈을 돌렸다.

사장 4년 차이던 1982년(당시 52세), 스즈키는 자동차 기업으로서는 일본에서 꼴찌였다. 그래서 오사무는 "국내에서 1등 하기 어렵다면 해외에서 하자"라고 마음먹었다. 인도 정부와 공동으로 합작사 '마루티 우도요그'(후에 스즈키 마루티 인디아)를 설립하면서 인도 시장에서 경이적인 점유율을 기록했다.

오사무 회장은 미국 GM과 협력 관계를 맺으면서 '20년 맹우(盟友)'를 유지하기도 했다. 그런 그는 GM을 넘어서기보다는 그 틈새를 이용했다.

> GM은 큰 고래입니다. 반면, 스즈키는 송사리보다 작은 모기 같은 존재입니다. 송사리라면 고래에 먹혀 버릴지도 모릅니다만, 작은 모기라면 정작 중요할 때 하늘 높이 날아올라 갈 수 있습니다.

결정 내릴 땐 망설이지 마라

오카다 미츠노부
아스트로스케일 창업자 겸 CEO

우주 폐기물 청소부를 다룬 넷플릭스 영화 '승리호'의 배경은 2092년이다. 영화처럼 우주를 기회의 땅으로 만든 벤처회사가 있다. 아스트로스케일(Astroscale)이다. 세계 최초의 '우주 청소부'라는 비즈니스 모델을 내세운 회사다. 정의하자면, 우주 주위를 떠도는 우주 쓰레기(우주 파편)를 처리하는 서비스를 한다. 이 회사의 창업자 겸 CEO 오카다 미츠노부(岡田光信, 1973년~)는 자신의 꿈에 대해 이렇게 말했다.

> '우주 전함 야마토'와 '은하철도 999'에 푹 빠진 세대였습니다. 이 지구와 우주를 정기적으로 왕복하는 은하철도가

> 달리고 있고, 그 궤도에 쓰레기 하나 없이 아름다운 우주가 펼쳐져 있었습니다. 이것이야말로 내가 목표로 하는 우주 본연의 모습이었죠.

오카다 미츠노부가 우주의 꿈을 갖게 된 건 고교 1학년 무렵이다. 당시 미국 NASA의 우주 캠프에 참가했는데, 거기서 일본 최초의 우주비행사 모리 마모루의 영향을 받았다.

자신이 정말 하고 싶은 일

아스트로스케일은 2013년 설립됐다. 흥미로운 건 하버드대학이 이 기업을 배우고 있다는 것. 세계 최고의 하버드대 경영대학원에서 기업의 사례를 공부하는 이른바 '케이스 스터디'가 있는데, 2015년에 아스트로스케일의 사례가 채택되었다.

창업자 오카다 미츠노부는 엘리트 코스만 밟아왔다. 효고현 고베 출신으로 도쿄대 농학부를 졸업한 후 재무성에 들어갔다. 맥킨지&컴퍼니로 이직한 후에는 미국 퍼듀대학에서 MBA를 취득했다. 퍼듀대는 미국 우주비행사 닐 암스트롱의 모교다.

그런 오카다 미츠노부는 경영 컨설턴트가 아니라, 스스로 기업을 경영해보고 싶었다. 일본, 중국, 인도, 싱가포르 등을 거점으로 10년 동안 금융·IT 업계의 글로벌 경영자로 일하다 인생의 궤도를 수정한 건 나이 마흔을 앞둔 시점이었다.

2013년 4월, 그는 독일에서 열린 유럽 우주 쓰레기 회의(European Conference on Space Debris)에 참가했다. 거기서 그는 우주 쓰레기 문제의 심각성을 느꼈고, 아직 아무런 해결책이 없다는 사실도 알게 되었다.

> 그때 내 자본금은 단 2,000만 엔뿐이었지만 아무런 망설임도 없었습니다. 명확한 과제가 있었고, 그걸 아직 아무도 하지 않았는데, 이만한 훌륭한 스토리가 어디 있겠습니까? 나는 40세에 드디어 '정말 내가 하고 싶은 것'을 발견했습니다. 독일 회의가 끝난 10일 후 혼자 회사를 만들었습니다.

그는 자금도, 인맥도, 기술도, 시장도 없는 상태에서 창업했다. 그런 무모한 도전은 6년 만에 150억 엔이 넘는 자금을 조달했고, 자체 기술로 세계 최초의 비즈니스 모델까지 구축했다.

우직하게, 깊이 생각하라

그럼, 우주 공간에는 쓰레기가 얼마나 있을까. 1950년까지 우주엔 쓰레기가 없었다고 한다. 우주 개발을 시작하면서 오래된 인공위성과 로켓 상단 부분이 파편으로 변해 우주 쓰레기로 방치됐다. 그런 쓰레기는 초속 8km, 즉 총알 30배의 속도로 매일 지구를 약 16바퀴 돌고 있다고 한다.

그런 우주 쓰레기에 종종 인공위성이 충돌해 망가지는 사고가 발생한다. 미국 NASA 자료에 따르면, 현재 인공위성 주변에는 비교적 큰 것(10cm 이상)만 3만 6,500개 이상이 존재하며, 1~10cm 크기의 작은 파편은 90만 개 이상으로 추정된다.

오카다 미츠노부는 우주 쓰레기가 '세계에서 가장 성가신 문제'라고 말한다. 그는 2019년 《우직하게, 깊이 생각한다》라는 제목의 책을 출간했다. 자신처럼 꿈에 도전하기 위해선 '우직하게, 깊이 생각해야 한다'라는 것이다. 책의 부제는 '세계에서 가장 성가신 문제를 해결하는 사고법'이다.

오카다 미츠노부. 그가 만약 엘리트 컨설턴트 자리에 미련을 가지고 창업 결정을 망설였다면 '우주 청소'라는 기상천외한 비즈니스 모델은 세상에 나오지 않았을 것이다. 진정, 자기가 하고 싶은 일을 찾았다면 그걸 우직하게, 깊이 생각해 봤다면, 뭐든 망설이지 말라.

부지런한 초짜가 제일 무섭다

도지 슌야
스미토모 상사 초대 사장

한 회사를 이끄는 경영자라면 말 한마디로 조직원들을 움직일 수 있어야 한다. 그런데 조직원들이 잘 조련된 전문가 집단이라면 모르겠지만 그렇지 않은 아마추어들이라면 말이 달라진다. 그것도 창업 초기라면.

여기에 꼭 들어맞는 경영자가 하나 있다. 일본 종합상사 스미토모 상사의 초대 사장을 지낸 도지 슌야(田路舜哉, 1893년~1961년)이다. 스미토모 그룹 역사부터 좀 알아보자.

모든 일에 마음을 담아 힘쓰라

일본 3대 재벌 중 하나인 스미토모 그룹의 창업 시조는 승려다. 스미토모 마사토모는 원래 사무라이 집안에서 태어났지만(1585년), 교토에서 열반종 승려가 되었다. 이후 승려 생활을 그만두고 절에 가게를 열었는데 책과 약재를 팔았다. 이게 지금의 스미토모 그룹의 출발이었다.

'문수원'이라 불리기도 했던 스미토모 마사토모는 가게의 점원들에게 상인의 도리를 가르치는 《문수원지의서(文殊院旨意書)》라는 책을 남겼는데, 이는 스미토모 그룹의 사업 정신이 되었다.

이 책의 첫머리에는 '장사는 말할 필요도 없고, 인간으로서 모든 일에 마음을 담아 힘쓸 것'이라고 적혀 있다. 한 사람 한 사람이 단순한 돈벌이에 매달리지 말고 인격을 닦고 갖추라는 것이다.

아버지 스미토모 마사토모에 이어 아들 스미토모 토모모치는 오사카에서 구리 제련에 뛰어들었다. 회사는 메이지유신 시기를 거치면서 벳시구리광산 수익을 활용해 은행, 창고, 보험, 신탁 등 금융업으로 영역을 넓혔다. 얼마 가지 않아 광공업, 금융업 양대 부문을 중심으로 하는 재벌 기업으로 발전했다.

스미토모 그룹이 상사 부문을 발족시킨 건 1919년이다. 당시 회사 이름은 '오사카 북항 주식회사'. 이후 '스미토모 토지공무 주식회사'라는 이름을 거친다. 태평양전쟁이 끝난 후 스미토모도 GHQ(맥아더 사령부)의 재벌 해체 명령을 피해 갈 수는 없었다. '스미토모'라는 상호를 쓸 수 없게 된 것. 그래서 1945년 '일본건설산업 주식회사'라는 이름으로 상사 업에 공식적으로 진출했다(1952년 '재벌 상호 사용 금지' 폐지로 스미토모 상사로 변경).

열심, 모든 비즈니스의 초심

당시 상사 부문 초대 사장으로 취임(1947년)한 이가 도지 슌야다. 동경제국대학 법학부를 졸업한 그는 1932년부터 6년간 중국 스미토모 상해 양행에서 지배인을 지냈다. 임원 중 유일한 무역 유경험자라는 점을 인정받아 사장에 올랐다. 32명의 아마추어 직원들을 데리고 상사 부문에 진출하기는 했지만, 전쟁 후라서 스미토모 계열 제조업체들은 아직 생산을 재개하지 못하고 있었다.

게다가 스미토모 직원들은 영업 경험이 전무 했다. 팔 상품도, 경험도 없는 직원들에겐 '뭔가'가 필요했다. 도지 슌야는 직원들을 고무시킬 방법으로 한 문장을 가다듬었다. "열심히 하는 초보가 (나태한) 전문가보다 낫다"라는 말이었다.

당시 이 말은 스미토모 상사의 사시로 사용되었을 정도로 위력을 발휘했다. 영업 초보 사원들은 도지 슌야의 말을 가슴에 새기고 무서운 돌파력으로 스미토모 상사를 키워 나갔다. 말 한마디가 회사 성장의 밑거름이 된 것이다.

'열심'(노력 또는 열정). 어떤 분야든 이 하나만으로 큰 성과를 내긴 어렵다. 하지만 성공으로 가는 디딤돌인 건 분명하다. '열심'이라는 단어는 모든 비즈니스의 초심이다.

어부의 감을 배워라

이이다 마코토
세콤 창업자

도쿄의 술 도매상 집안에서 태어난 이이다 마코토(飯田 亮, 1933년~2023년) 세콤 전 회장은 이시하라 신타로 전 도쿄도지사, 일본 최고의 문예평론가 에토 준과 고교(가나가와현립 쇼난 고등학교) 동기였다.

    이시하라 신타로는 1956년 전후 청춘 세대의 방황을 그린 소설 《태양의 계절》로 아쿠타가와상을 수상했는데, 이후 '태양족'은 세태를 반영하는 유행어가 됐다. 소설 속에 등장하는 태양족의 모델이 이시하라 신타로를 비롯한 이이다 마코토, 에토 준이었다.

세계 어디에도 없는 회사를 만든다

가큐슈인 대학 정경학부로 진학한 이이다 마코토는 대학 졸업 후 아버지가 경영하는 주류 회사에 취직했다. 그러다 식사 자리에서 우연히 "유럽에서는 따로 경비를 해주는 회사가 있다"라는 말을 듣고 창업을 결심했다.

1962년 독립한 그는 학창 시절 친구와 일본 최초의 보안경비회사인 '일본 경비보장 주식회사'를 설립하고 대표이사를 맡았다.

회사의 성장 계기는 도쿄올림픽(1964년)이었다. 1963년 말 올림픽 조직위원회가 경비 의뢰를 해왔다. 올림픽은 사고 없이 무사히 끝났다. 올림픽을 통한 신뢰와 이후 경비원을 테마로 한 TV 드라마가 히트하면서 회사가 크게 성장했다.

이이다 마코토는 창업 20주년이 되던 1983년, 사원들의 반대를 무릅쓰고 회사명을 세콤으로 변경했다. 세콤(SECOM)은 보안(Security)과 커뮤니케이션(Communication) 두 단어를 조합한 단어다. 사람과 과학의 협력을 통한 새로운 보안 시스템 구축이라는 개념을 담고 있다.

한 자리에 머물러 있지 말고, 빠르게 변화하라

이이다 마코토는《세계 어디에도 없는 회사를 만든다! 세콤 창업자의 통쾌한 기업 인생》등 여러 경영서를 냈다. 어록 또한 많다. 낚시를 즐겼던 그는 비즈니스를 '고기잡이'에 비유했다.

> 경영자는 좀 더 어부 정신을 배워야 한다. 어부는 고기가 잡히지 않으면 노리는 물고기와 도구, 그리고 포인트(장소)를 바꾼다. 항상 같은 곳에 가만히 있으면서 '물고기가 없네'라며 한탄하는 건 쓸데없는 짓이다.

바다 조류와 물고기 상태는 시시각각 변하기 마련이다. 훌륭한 어부는 이런 변화를 재빠르게 읽고 포인트를 고수할지, 옮길지를 정한다. 고기잡이든, 비즈니스든 별반 다르지 않다. 경영자는 어부의 '감'을 배워야 한다는 것이 세콤 창업자 이이다 마코토의 조언이다.

Do형 인간이 성공한다

오구라 마사오
야마토택배 '탁큐빈' 창업자

"임자, 해 보긴 해봤어?" 현대 그룹 창업주인 고 정주영 회장이 생전 자주 했던 말이다. '안 된다고 말하지 말고 일단 도전해 보라'는 의지를 강조한 것이다. 일본에도 이와 비슷한 말을 전파한 경영자가 있다. 야마토운수를 중흥시킨 오구라 마사오(小倉昌男, 1924년~2005년) 전 회장이다.

오구라 마사오는 일본 택배의 대명사인 '탁큐빈' 창업자로, 일본 물류산업을 변화시킨 전설의 경영자다. '구로네코'(검은 고양이) 브랜드의 야마토운수는 전후 40년간 일본 제1의 택배회사로 성장했다. 그 뒤에는 오구라 마사오가 있었다. 또한 일본 경영인들이 존경하는 인물로 오구라 마사오를 꼽는 데 주저하지 않는다.

오구라 마사오의 아버지 오구라 야스오미가 도쿄 긴자에서 트럭 4대로 수송회사를 설립한 건 1919년이다. 지금의 야마토운수인 '다이와운수'다. 이 회사는 전전(戰前) 근거리 수송엔 성공했지만, 장거리 수송 진출은 늦어지면서 실적이 급락했다. 적자 경영 위기를 돌파하기 위해 아버지를 대신해 등판한 이가 차남인 오구라 마사오다.

해보지 않으면 알 수 없다

도쿄대 경제학부를 졸업한 오구라 마사오는 1948년 아버지 회사인 다이와운수에 입사, 1971년 50세에 사장에 취임했다. 그는 대형 화물 수송과 결별하고 개인, 가정용 중심 배달에 사활을 걸었다. 그렇게 탄생한 것이 야마토운수의 택배 서비스인 '탁큐빈'이다.

오구라 마사오는 온화한 성품의 소유자로 알려졌지만, 택배 사업을 시작하기 위해 운수성(교통부)을 상대로 행정소송을 제기하기도 했다. 새로운 비즈니스 모델을 세상에 정착시킨 그는 운수업을 생산자 중심이 아닌 소비자 중심으로 옮겨 놓았다. 이런 오구라 마사오의 경영이념을 '오구라이즘'이라 칭하기도 한다.

1982년 회사명을 야마토운수로 바꾼 오구라 마사오는 탁규빈 사업을 통해 유통, 물류 분야의 혁신을 이끌었다. 16년간 사장을 맡은 후 회사를 우량기업으로 키웠고, 1987년 회장에서 물러났다. 이후 야마토 복지재단 이사장을 지내다 2005년 향년 80세로 세상을 떠났다.

오구라 마사오는 많은 경영 어록을 남겼는데, 고 정주영 회장과 비슷한 어록 하나를 소개한다.

> 생각하고, 생각하고 깊이 생각하라. 그래도 모르는 게 있기 마련이다. 이런 경우엔 해보는 것이 능사다. 해보면 알 수 있다. 하지 않으면 알 수 없다. 이게 내 신조이다.

자신감을 가지고
가속페달을 밟아라

오야마 겐타로
아이리스 오야마 회장

오야마 겐타로(大山健太郎, 1945년~)는 오사카에서 태어난(8명 형제자매 중 장남) 재일교포 3세 기업인이다. 경남 출신인 할아버지가 1927년 일본으로 건너간 것으로 전해진다.

자신만의 경영을 시작하다

고교 3년 때, 플라스틱 성형공장을 하던 아버지가 암으로 갑작스레 세상을 떠나면서 공장을 이어받았다. "이대로 마치코바(동네 하청공장)로 끝나고 싶지 않았다"라는 그는 그때부터 '하얀 캔버스에 그림을 그리듯' 자신만의 경영을 해왔다.

처음 시작한 사업은 수산용품(양식용 부표)과 농업용품(농작물 재배통) 개발이었고, 이것이 궤도에 오르면서 1972년 미야기현 센다이에 새로운 공장을 세웠다. 27세 때였다. 이어 1988년에 내놓은 가정용 플라스틱 수납 용품이 대히트를 치면서 플라스틱 제조업체로 급성장해 나갔다.

1989년 본사를 미야기현 센다이시로 이전했고 1991년엔 회사명을 '아이리스 오야마'로 변경했다. 이어 동일본 대지진을 계기로 LED 조명 사업에 2009년엔 가전업까지 진출했다. 파나소닉과 샤프 등 주요 가전업체의 조기 퇴직 기술자들을 스카우트해 대형 TV와 에어컨, 세탁기 등을 만드는 가전업체로 변신한 것.

이런 아이리스가 새로운 기회를 잡은 건 코로나 사태 때였다. 마스크 생산라인을 본격적으로 가동했다. 코로나 확산으로 마스크 수요가 늘어나면서 일본 내에서는 물품이 부족했던 게 사실이다. 일본 기업 대부분이 마스크를 중국에서 만들어 들여오고 있는 상황. 그 틈에서 아이리스는 재빨리 일본 현지 공장을 이용해 마스크 생산을 시작했다. 코로나 위기를 '기회'로 잡은 아이리스는 일본에서 마스크를 가장 많이 생산하는 기업이 되었다.

즉시 판단하고, 즉시 해결하라

아이리스는 좀 특이한 경영전략을 갖고 있다. 매년 1,000여 개의 신상품을 출시하는 것. 회사에 돈 벌어주는 '효자 상품'을 제외하곤 그때그때 엄청난 숫자의 상품을 새로 만든다. 그게 리스크를 줄여주기 때문이라고 한다.

신상품 제안은 매주 월요일 열리는 프레젠테이션 회의에서 이뤄진다. 여기서 나온 제안은 즉석에서 결론이 난다. 오야마 회장이 "이건 좋은 상품이 될 거야"라고 하면 그 자리에서 상품화가 결정된다. '즉시 판단하고 즉시 해결'하는 즉단즉결(卽斷卽決)이 그의 모토인 것. 물론 이런 모습이 외부의 눈엔 독단으로 비쳐질 수도 있다.

오야마 회장의 이런 '즉단즉결'을 통해 성공한 대표적 사례가 LED 조명이다. 발매 초기에는 매출이 주춤했지만, 동일본 대지진 이후 절전이 강조되면서 수요가 크게 늘어 회사의 간판 상품이 되었다. 모든 아이디어가 성공작으로 이어지지는 않았다. 아이리스의 신상품 중 빛을 보지 못한 상품도 적지 않았다고 한다. 그럼에도 오야마 겐타로 회장은 신상품 개발 행보를 멈추지 않았다. 오야마 회장이 이렇게 공개적으로 프레젠테이션 회의를 하는 이유는 뭘까?

> 다른 회사들은 상품 제안과 개발에 장애물이 많아요. 하나가 오케이(상품화 결정) 되어도 나중에 "괜찮을까?"라고 모두가 염려하죠. 실패를 두려워하는 이유이기도 합니다. 그것이 개발자에겐 브레이크가 됩니다. 성공이든 아니든, 이 모든 책임은 내게 있습니다.

오야마 회장은 그러면서 "회사에는 다양한 장애물이 있지만, 그런 것에 위축되어서는 안 된다"라며 "직원들이 자신감을 가지고 가속페달을 밟도록 해주어야 한다"라고 강조했다. 거리낌 없이, 주저하지 말고, 두려움 없이 상품 개발에 나서 달라는 것이다. 그는 "회사 경영에서 가장 어렵다고 생각하는 건 '직원 개개인의 힘을 어디까지 발휘시킬 수 있느냐'하는 것"이라고도 했다. 이것이 상품 개발에 50년 동안 자문해온 오야마 회장의 기본 철학이다. 오야마 회장은 2002년 일본에 귀화한 것으로 전해졌다. 동네 공장에서 출발해 대기업으로 성장한 아이리스 그룹은 2019년 인천 송도 공장을 준공했다.

단련하고, 또 단련하라

마쓰이 타다미쓰
무인양품의 '양품계획' 전 회장

마쓰이 타다미쓰는 한국인들에게도 친숙한 브랜드 무인양품(MUJI)을 운영하는 회사 '양품계획'의 회장을 지냈던 인물이다. 시즈오카현의 농사짓는 집안에서 태어난 그는 고교 시절 배구 선수로 뛰었다. 도쿄교육대학(현 츠쿠바대학) 체육학부에 들어간 마쓰이 타다미쓰는 재학 중 학생운동의 핵심으로 활동했고, 오키나와 반환 운동에 나섰다가 체포, 구금되기도 했다.

그런 그가 졸업 후 입사한 회사가 세이유였다. 가정용품 매장에 배속됐던 그는 1991년 좌천당하게 된다. 그 인사 발령으로 세이유의 자회사 양품계획에 총무인사과장으로 파견된다. 인생 역전이 이런 걸까? 그는 이후 부장 승진, 전무이사까지

치고 올라갔다. 그게 전부가 아니다. 사장마저 꿰찼다.

> 실제로 뛰어난 경영자 중 일부는 곧장 톱까지 오른 사례보다 좌천이나 중병에 의한 휴직 또는 해외 근무 등 우여곡절을 거친 경우가 많다고 생각합니다. 그들은 역경 속에서 단련됐기 때문에 톱으로서 힘을 발휘할 수 있었던 게 아닐까요? 적어도 내 경우는 그렇다고 말할 수 있습니다.

자기 경험을 통해 역경 속 단련을 강조하는 것이다. 그런 그는 "계속 이기기 위해서는 쉬속해서 단련하는 게 필요하다"라고 했다. 단련의 의미를 재차 역설한 것이다.

단련의 중요성을 말할 때, 에도 시대 전설적 검객 미야모토 무사시를 빼놓을 수 없다. 니텐이치류의 창시자인 미야모토 무사시는 "1천 일의 연습을 '단'(鍛), 1만 일의 연습을 '련'(練)"이라고 했다. 노력의 중요성을 강조한 말로, 일본어 '단련'이 여기에서 연유되었다고 한다.

인생에 쓸모없는 경험은 하나도 없다

마쓰이 타다미쓰(松井忠三, 1949년~)가 적자 상태에 빠진 양품계획의 대표이사를 맡은 건 2001년이다. 당시 유니클로를 비롯한 저가 유통점의 영향으로 회사의 실적 부진이 계속되고 있었다. 또한 주가는 하락하고 시가총액도 폭락하고 있었다. "무인양품의 시대는 끝났다"라는 분위기가 확산되었다.

물러설 마쓰이 타다미쓰가 아니었다. 그는 무지그램(MUJI GRAM)이라는 획기적인 매뉴얼을 도입하는 등 탁월한 경영 감각을 보였다. 무지그램은 전 세계 어디서나 같은 브랜드 경험을 제공하기 위한 핵심 도구로, 이 매뉴얼에는 상품 진열, 고객 응대, 매장 청결 유지, 직원 행동 지침 등 다양한 항목이 포함되었다. 한마디로 '무인양품다움'을 유지하는 데 기여했다.

아울러 마쓰이 타다미쓰는 조직개혁을 통해 V자 회복을 이뤄냈다. 더 나아가 2007년에는 사상 최대의 매출을 실현시켰다. 자리에 연연하지 않았다. 2008년 대표이사 회장으로 물러났고, 이후 리소나홀딩스 이사 지명위원회 위원장을 맡았다.

마쓰이 타다미쓰는 경영이든, 삶이든 경험의 중요성을 일갈한다.

인간만사 새옹지마다. 향후 어떻게 될지 아무도 모른다. 단 하나 말할 수 있다면 인생에 쓸모없는 경험은 하나도 없다는 것이다.

마쓰이 타다미쓰의 말을 다시 옮기자면, 성공의 경험이든, 실패의 경험이든 모두 쓸모 있다는 것이다. 그의 경우엔 실패의 경험(좌천)이 오히려 더 쓸모 있지 않았을까? 그의 인생 법칙은 '좌천(실패)→단련→계속 단련→사장(성공)'으로 정리된다.

고객이 원하는 걸 만들지 마라

다키자키 다케미츠
키엔스 창업자, 현 명예회장

> 우리는 고객이 원하는 걸 만들지 않는다.

키엔스(KEYENCE)라는 기업의 창업자이자 명예회장인 다키자키 다케미츠(滝崎武光, 1945년~)의 지론이다. 아니, 이게 무슨 말인가. 고객이 원하는 걸 만들지 않는다니. 기업은 당연히 고객을 위한 제품을 생산하는 것이 원칙이자 상식 아닌가?

서비스를 제공하고 제품을 생산하는 회사라면 고객의 요구에 부응하는 것이 가장 중요한데, 거기에 머물러서는 안 된다는 얘기다. 다키자키 다케미츠는 한 단계 뛰어넘었다. 키엔스는 '부가가치 창조'를 중요하게 여기면서 고객의 잠재적 니즈를 찾아내 제품을 만든다.

고객조차 모르는 걸 만들라

고객이 원하는 것이 아닌, 고객조차 모르는 걸 만들어 내는 키엔스. 그런 키엔스가 시장에 내놓았거나, 내놓은 제품의 70%가 '세계 최초', '업계 최초'라고 한다. 키엔스는 현재 1만 종류 이상의 제품을 다루고 있다.

키엔스는 오사카에 본사를 두고 있다. 전자센서를 비롯한 팩토리 · 오토메이션(FA, 공장 생산 공정을 자동화) 종합 메이커로 전 세계 46개국 250개 거점에서 사업을 전개 중이다. 자동차, 반도체, 전자 · 전기기기, 통신 등 25만 개 이상 제품 제조를 지원하고 있다.

키엔스가 어떤 회사인지 모르는 사람은 아마 이 숫자를 보고 놀랄 것이다. 시가총액 약 14조 9,000억엔(2025년 3월 기준). 토요타 자동차, 미쓰비시 UFJ 파이낸셜 그룹, 소니 그룹, 히타치제작소, 미쓰이 스미토모 파이낸셜 그룹에 이어 일본 상장 기업 중 6위에 올라 있다.

이런 키엔스의 최고 강점은 경이적인 영업이익률이다. 50% 대를 웃돈다.(2025년 3월 기준) 비슷한 부류의 기업인 오므론, 화낙과 비교하면 월등한 수치다. 심지어 직원들의 평균연봉(2,000만엔 상회) 수준도 일본 최고 중의 최고다.

머리는 냉정하게, 마음은 열정적으로

키엔스의 또 다른 강점은 젊은 사장들. 역대 사장들이 40대 중반에 사장직에 올랐다. 2019년 9월 현 사장에 취임한 나카타 유는 1974년생이다. 전임 사장 야마모토 아키노리는 2010년 45세에, 더 앞선 사장 사사키 미치오는 2000년 43세로 사장을 꿰찼다.

창업자 다키자키 다케미츠는 55세에 사장 자리를 사사키 미치오에게 넘겼다. 창업자를 제외한 역대 사장들은 모두 40대 중반에 사장이 되어, 약 10년간 일했다는 공통점을 갖고 있다. 사장뿐 아니라, 해외 등 젊은 인력을 주축으로 하는 회사이기에 기술력만큼은 일본을 넘어 세계에서도 독보적이라는 평가를 받고 있다.

창업자 다키자키 다케미츠가 미디어에 거의 모습을 드러내지 않는 점도 놀랍다. 그는 효고현 출신으로 최종학력은 고졸. 효고현의 한 현립공고를 졸업한 그가 두 번의 도산을 겪고 나서, 키엔스의 전신인 '리드 전기'라는 회사를 설립한 것이 1972년이었다.

9년 후인 1981년 본사를 오사카로 옮기고, 1985년에는 미국 현지법인을 설립했다. 1986년엔 회사 이름을 현재의 키엔스로 바꿨다. 키엔스라는 이름은 '과학의 열쇠'(Key of Science)라는 말에서 따왔다. "머리는 냉정하게, 마음은 열정적으로." 다키자키 다케미츠의 경영 신념이다.

버드나무처럼 살아야 한다

미야카와 준이치
소프트뱅크 사장

미야카와 준이치 소프트뱅크 부사장 겸 CTO(최고기술 책임자)가 새로운 사장에 취임한 건 2021년 4월이다. 도쿄대, 교토대 등 명문대 출신 임원들이 수두룩한 소프트뱅크 그룹 내에서 그는 이른바 '이름 없는' 대학을 나온 인재로 통한다.

더군다나 그는 이공계가 아닌 불교학과를 나왔다. 그가 그룹 자회사 소프트뱅크(휴대통신) 사장으로 지명되자 "이색 경력의 소유자"라며 큰 화제가 됐다. 미야카와 준이치(宮川潤一, 1965년~). 그는 어떤 사람이고, 어떻게 소프트뱅크 사장 자리까지 오를 수 있었을까?

경제 감각을 익히라

미야카와 쥰이치는 1965년 아이치현 이누야마시에 있는 임제종 사찰의 스님 아들로 태어났다. 아버지 바람대로 장래에 주지가 되기 위해 교토에 있는 하나조노대학 문학부 불교학과에 입학했다.

하지만 학비를 벌기 위해 찻집(다방)에서 아르바이트를 시작하면서 진로를 틀게 된다. 가게에 찾아오는 기업인들의 모습을 보고 비즈니스계 진출을 꿈꾼 것. 그는 훗날 하나조노대학 강연에서 당시 상황을 다음과 같이 말했다.

> 다방 주인이 매일 그 전날 신문을 챙겨 줬습니다. 저는 관심 있는 기사를 잘라내어 책자로 만들었습니다. 4년 동안 열 권이나 됐죠. 가게 아르바이트에서 수준 높은 손님들과 대화해야 했기 때문에 필사적으로 기사에서 정보를 모았죠.

미야카와 쥰이치는 대학 졸업 후 회계사무소에서 2년가량 근무하면서 '경제 감각'을 익혔다. 잠시 소각로 제조업에서 일하다, 막 붐을 타기 시작한 인터넷에 착안해, 1991년 인터넷 기업 (모모타로 인터넷)을 설립했다.

이후 2000년대엔 브로드밴드 서비스를 담당하는 '도쿄 메탈릭 통신' 등에서 사장에 취임했다. 그가 소프트뱅크 그룹 손정의 회장과 인연을 맺은 건 2003년이다. 당시 회사가 소프트뱅크에 인수되면서 이사로 입사하게 된 것.

입사 후 모바일 등 핵심 첨단사업에서 일한 미야카와는 손정의 회장의 '오른팔'로 불리게 되었다. 승진 속도도 빨랐다. 2007년 소프트뱅크 전무 겸 CTO에 올랐고, 2018년엔 부사장으로 승진했다. 2019년엔 토요타와 공동 출자한 모넷 테크놀로지 사장으로 발탁됐다.

학력에 연연하지 말고 실력을 갖춰라

마침내 2021년 4월 그룹 자회사 소프트뱅크(휴대통신)의 사장 자리까지 꿰차게 되었다. 당시 언론과 전문가들은 "CTO를 맡은 것에서 알 수 있듯이 그는 기술에 정통하고, 또 스프린트를 재건하는 등 해외 경험도 갖고 있었다"라며 높게 평가했다.

손정의 회장은 앞서 2013년 7월 적자에 시달리던 미국 휴대폰 대기업 스프린트(현 T모바일 US)를 인수했는데, 상황은 최악이었다. 당시 기술 담당 임원으로 미국으로 건너가 이 회사를 재건한 게 미야카와였다. 정리하면, 학력이 아니라 전적으로 경험과 능력으로 사장에 발탁됐다는 얘기다.

손정의 회장은 평소 미야카와의 스타일에 대해 "나와 닮은 꼴 인물 중 하나"라고 평가하기도 했다. 그런 미야카와는 모교인 하나조노대학 강연에서 "버드나무처럼 살라"는 지론을 폈다.

언론은 이에 대해 "그는 바람이 부는 방향으로 잎을 흔드는 버드나무 같은 인생관을 갖고 있다"고 평가했다. 미야카와가 말하는 버드나무는 줏대 없이 이리 흔들리고, 저리 흔들리는 버드나무가 아니다. 버드나무처럼 유연한 사고와 기술, 경험을 갖고 살자는 취지다.

미야카와는 "소프트뱅크 이사회에서 명문대학을 나오지 않은 사람은 나뿐이다. 학교 레벨에 연연하는 인간은 수준이 낮은 인간이다. 실력사회에서 학력 같은 건 전혀 관계가 없다"라는 말로 모교 후배들을 응원했다.

손정의 회장과 마찬가지로 그 역시 실패와 도전이라는 단어에 방점을 둔다.

> 소프트뱅크의 직원들에게 '(우리 회사가) 이대로 좋은가?'라고 묻고 싶다. 모두가 '그렇지 않다'라고 대답해주는 회사였으면 좋겠다. 실패를 두려워해서는 안 된다. 10개 도전해서 1개 성공하면 본전은 한 것이라고 본다. 직원들이 계속해서 도전해주기를 바란다.

2장

성장

成長

성장은
마치 좌표 위에 그려지는
우상향 곡선과 같다.

X축에는 시간이 흐르며 쌓이는 노력과 열정이 놓이고, Y축에는 그 결과로 드러나는 능력과 성취가 새겨진다. 꾸준히 오른쪽으로 나아가지 않으면 곡선은 결코 위로 뻗지 못한다. 멈춰 있는 그 순간, 그래프는 단순한 점에 불과하다. 곡선이 어느 순간 '임계점'을 넘어서면, 이전의 기울기와는 비교할 수 없는 가속도가 붙는다. 그것이 성장의 법칙이다. 리더의 성장곡선이 곧 조직의 성장곡선이다.

승부는 칼집에서 결정된다

다카하라 게이이치로
유니참 창업주

검을 사용하는 일본 무도 중에 '거합도(居合道)'라는 것이 있다. 거합(居合)은 두 사람이 칼을 뽑아 들고 서로 마주한 상태에서 대결을 벌이는 입합(立合)과는 그 형식이 다르다. 칼을 뽑는 발도술(拔刀術)에서도 차이가 난다.

거합은 칼을 칼집에 넣은 상태에서 적의 기습공격에 임기응변으로 대처하는 방식이다. 거합은 때론 앉은 자세에서 상대보다 먼저 베어야 한다. 그렇다고 상대보다 먼저 칼을 빼서는 안 된다. 칼을 칼집에 꽂은 채 상대를 마음으로 제압하는 것이 먼저다. 그러고도 상대가 먼저 동작을 취한다면, 틈을 주지 않고 일거에 승부를 결정짓는다. 그래서 '승부는 칼집에서 결정된다'라는 말이 나왔다.

거합도의 시조는 하야시자키 진스케라는 검객으로 알려져 있다. 거합도는 에도 초기에 창설돼 수많은 유파가 생겨났다. 일본 위생용품 기업인 '유니참' 창업자 다카하라 게이이치로(高原慶一朗, 1931년~2018년)는 경영을 거합도에 비유한 사람이다.

> 거합도에서는 '칼집에서 승부가 난다'라고 말합니다. 저는 경영도 같다고 생각합니다.

게이이치로는 라이벌 기업과 서로 칼을 뽑아 드는 전통적인 대결 방식은 허수들의 일이라고 생각했다. 상대 기업을 이기기 위해서는 그들의 전략을 미리 간파하고, 그들보다 더 빨리 움직여야 한다는 생각이었다. 거합도처럼 말이다. 그런 생각은 사업 아이템 탄생과 진화에 그대로 적용됐다.

유니참은 마스크, 생리대, 기저귀 등 위생용품을 생산하는 소비재 기업이다. 유니참의 가장 강력한 라이벌 기업은 '가오'이다. 가오가 일찍이 일본 국내시장을 확고하게 장악하면서 유니참은 사업 초창기부터 새로운 시장을 개척하기 위해 해외로 눈을 돌렸다.

'굴하지 않는 뻔뻔함'으로 시장을 뚫어라

다카하라 게이이치로는 1931년 전통 화지(和紙)로 유명한 에히메현 가와노에시에서 태어났다. 아버지는 소학교 졸업 후 종이 도매상에서 사환으로 일하며 '국광제지'라는 회사를 설립했다. 아버지의 일을 보고 기업가를 꿈꾼 게이이치로는 오사카시립대학 상학부에 입학했다.

그런 게이이치로가 유니참의 전신인 '다이세카코 주식회사'를 설립한 건 1961년, 그의 나이 29세 때였다. 이 회사는 건축 자재를 주로 만들었다. 하지만 건축 자재는 다카하라 게이이치로가 꿈꾸던 품목이 아니었다. 그러면서 코페르니쿠스적 발상을 전환하게 된다. 건축 자재에서 여성용품으로 품목을 바꾼 것이다.

여성용품 중에서도 궁리 끝에 택한 것이 생리용품이었다. 중소기업 시찰단으로 미국을 방문하면서다. 당시 미국 슈퍼마켓에서는 생리용품이 다른 상품과 다를 바 없이 오픈된 장소에 진열되어 스스럼없이 팔리고 있었다. 여성 고객들은 주변 사람들의 시선을 의식하지 않고 선뜻 상품을 집어 들어 바구니 안에 던져 넣고 있었다. 마치 포테이토칩을 사는 것처럼. 그 모습을 지켜보며 게이이치로는 소리쳤다. "맞다. 바로 이거다."

당시 일본의 생리대 시장은 '안네'라는 회사가 독점하고 있었다. 시장을 뚫기 위해 게이이치로가 선택한 방법은 긍정적 의미의 '뻔뻔함'이었다. 그는 "뻔뻔하게도 경쟁 회사에 찾아가 생산 현장을 보여달라고 부탁했는데 단칼에 거절당했다"라며 "하지만 나는 굴하지 않고 몇 번이나 부탁한 끝에 결국은 직접 공장을 견학할 수 있었다"고 고백했다.

그렇게 생리용품은 회사의 중심 사업이 됐다. 건축 자재 사업도 순조로웠지만, 회사 이름이 생리용품과 어울리지 않아 1965년 전문회사 '참'을 만들었다. 현재의 회사 이름인 '유니참'(UniCharm)이 된 것은 1974년이다. 유니는 Universal, Unique, United 3가지 의미를, '참'은 매력적(Charm)이라는 뜻이다.

승부는 적을 베지 않고 자신을 보호하는 데 있다

변수가 등장한 건 1978년이다. 생활용품 제조업체 가오가 생리용품 시장에 진입하면서 유니참은 처음으로 이익 감소를 맛

봤다. 게이이치로는 재빨리 다른 곳으로 눈을 돌렸다. 시장 포화를 예상한 그는 생리용품 개발로 축적된 기술을 살려 일회용 기저귀 제조, 판매에 착수했다. 당시 일회용 기저귀 시장의 90%를 P&G가 차지하고 있었다.

유니참은 P&G 기저귀와의 차별화를 꾀했다. 1981년 '천 기저귀'에서 힌트를 얻어 '유아용 입체 기저귀'를 생산했다. 예상 밖의 호평이 쏟아졌고, 2년 뒤에는 P&G의 점유율을 능가할 정도에 이르렀다.

그러자 또 다른 변수가 생겨났다. 이번에는 P&G가 생리용품 시장에, 가오가 기저귀 시장에 진입한 것이다. 또다시 수익 감소에 처한 유니참은 1987년 성인용 기저귀 시장으로 또다시 눈을 돌렸다. 개호(介護, 환자나 노약자를 돌보는 것) 시장을 염두에 둔 것이다. 게이이치로는 성인용 기저귀에 '재활 팬티'라는 이름을 붙였다.

이렇듯, 게이이치로는 라이벌 기업들과 직접적인 전쟁을 벌이지 않고, 발 빠르게 다른 영역으로 전환해 보호막을 치는 전략을 구사했다. '승부는 상대를 베는 데 있지 않고, 자신을 보호하는 데 있다'라는 거합도 취지의 변용이라 할 수 있다.

게이이치로는 2001년 사장직을 장남 다카하라 다카히사에게 물려주고 경영 일선에서 물러났다. 2006년 뇌경색으로 신체가 자유롭지 못했지만, 의사도 놀랄 정도로 회복해 만년까지 의욕적인 삶을 살았다. 그런 그는 2018년 10월 3일 87세를 일기로 세상을 떠났다.

가장 힘든 순간은 바로, 지금이다

호시노 요시하루
호시노 리조트 그룹 대표

경영자들은 대개 삶의 길잡이가 되는 멘토 하나쯤은 갖고 있다. 경영 방침에 멘토의 사상이 아주 강하게 스며드는 경우도 적지 않다. 호시노 리조트 그룹의 호시노 요시하루(星野佳路, 1960년~) 대표도 비슷한 사례다.

호시노 리조트는 100년 기업이다. 1914년 나가노현 가루이자와에서 건물 한 칸짜리 '호시노온천료칸'으로 창업해 110년을 이어오고 있다.

4대 사장을 맡은 요시하루 대표는 게이오대학 경제학부 출신으로 미국에서 호텔경영학(코넬대 호텔경영대학원)을 공부했다. 3대 사장인 아버지의 부름을 받고 돌아왔지만, 의견 대립으로 다시 미국으로 건너가 은행에 취직했다. 31세가 되던 1991년, 아버지의 요청으로 다시 돌아와 사장에 취임했다. 1995년 호시노 리조트로 사명을 바꾸고 그룹 대표를 맡았다.

그런 호시노 리조트는 일본과 해외에 료칸, 호텔, 스키장 등 다양한 시설을 운영하고 있다. 버블 붕괴 이후인 1990년대, 일본 곳곳의 쇠락한 료칸들을 하나, 둘 인수해 독특한 재생 프로그램을 통해 부활시켰다.

사업의 목적은 돈에 있지 않다

'호텔업계의 토요타'를 지향하고 있는 호시노 리조트는 알기 쉬운 5개 브랜드로 고객들에게 다가가는 마케팅 전략을 폈다. 럭셔리 브랜드 호시노야를 중심으로 온천 료칸 브랜드 카이, 스타일리시한 리조트 브랜드 리조나레, 도시 관광호텔 오모, 젊은 세대를 타깃으로 한 호텔 베브다.

호시노 리조트의 출발지인 나가노현 가루이자와는 휴양지로 유명한 곳이다. 일본 휴양지 역사는 캐나다 태생의 영국 성공회 선교사 알렉산더 크로프트 쇼에 의해 시작됐다. 성공회사제가 되어 일본으로 포교를 왔던 알렉산더 쇼는 계몽사상가 후쿠자와 유키치가의 영어 교사를 하면서 일본에 신학교까지 세웠다.

알렉산더 쇼는 1885년 도쿄의 더운 여름에서 벗어나 우연히 가루이자와를 방문한다. 쇼는 거기가 고향 토론토와 비슷하다는 느낌을 받는다. 그는 다음 해 가족을 데리고 다시 가루이자와를 찾아 한 달간 지낸다. 그 이후엔 아예 거기에 별장을 마련한다. 외국인 별장 1호는 그렇게 탄생했다. 그러면서 '피서지 가루이자와'는 전국적으로 주목받게 된다.

이후 호시노 일가가 운영하던 호시노온천료칸에는 우치무라 간조(무교회 운동 사상가) 같은 유명인들이 체류하면서 평판도를 높인다. 우치무라 간조는 호시노 요시하루에게도 큰 영향을 준다. 요시하루 대표의 말을 들어본다.

> 일상에서 자주 우치무라 간조의 말씀이 생각납니다. 가루이자와를 자주 방문한 우치무라 선생은 우리 료칸에 숙박했는데, 2대 사장이던 할아버지와 교류했지요. 우치무라 선생의 강연록의 한 구절인 '인생의 목적은 금전을 얻는 게 아니라, 품성을 완성하는 데 있다'라는 말은 제 가슴에 강

> 하게 메아리쳤습니다. 해를 거듭하면서 이 말은 경영자인 제게 살아가는 법을 가르쳐주는 울림이 됩니다.

우치무라 간조의 말은 돈 버는 일을 '최고의 선'으로 여기는 보통의 장사꾼에겐 아무 감흥을 주지 못한다. 하지만 우치무라의 표현처럼, 사회에 뭔가를 남기면서 고상한 생애를 살고 싶은 경영자라면 말이 달라진다. 요시하루 대표는 후자에 속한다. 우치무라 간조가 '돈으로 살 수 없는 것'들을 강조했듯, 요시하루 대표는 사업의 목적이 돈에 있지 않다는 걸 깨닫는다.

맡기면 사람은 생각하고 움직인다

요시하루 대표가 처음부터 이런 고상한 경영을 고집한 건 아니다. 료칸 경영 초기, 그는 큰 수업료를 치렀다. 미국에서 배운 호텔경영 방식이 먹히지 않았기 때문이다. 사장을 맡아 미국식의 '톱다운 방식'으로 조직을 바꾸려 했던 게 문제였다. 미국식 톱다운은 일본식으로 말하면, 위에서 아래로 누르는 일방적인 스타일이었다.

그런 톱다운 개혁은 베테랑 사원들의 반발을 불러왔다. 그만두는 직원들이 속출했고, 마침내는 직원의 3분의 1가량이 회사를 떠났다. 남은 사원들은 잔업의 연속으로 지옥과 같은 상태였다. 어느 날, 요시하루 대표는 회사 벽에 '호시노에 가면 죽는다'라는 글이 적혀 있는 걸 보고는 정신이 번쩍 들었다.

요시하루 대표의 생각이 바뀌기 시작한 건 그때부터다. 무조건 현장에 권한을 주고, 직원들을 믿고 일을 맡겼다. 가장 먼저 젊은 직원 중에서 리더를 뽑았다. 리더들은 새로운 기획을 연속으로 생각해 내었고, 그런 아이디어들은 호텔 간판 사업으로 연결됐다. 이를 통해 요시하루 대표는 '맡기면 사람(직원)은 생각하고 움직인다'라는 걸 배웠다. 호시노 리조트의 '사원에 의한 경영 개혁'의 시작이었다.

하지만 잘 나가던 호시노 리조트도 코로나 사태를 피해 갈 순 없었다. 가장 치명타를 맞은 관광숙박업이 아니던가. 텅 빈 객실, 망연자실한 직원들, 호시노 리조트로서는 새로운 돌파구를 찾아야 했다. 그렇게 맞춤형 프로그램으로 내놓은 것이 '마이크로 투어리즘'이었다.

쉽게 설명하자면, 집에서 한두 시간 내에 다녀올 수 있는 근교 여행을 말한다. 지역 주민들의 예약이 늘면서 호시노 리조트의 예약률은 서서히 회복 단계에 이르렀다.

위기의 한가운데를 돌파한 요시하루 대표의 대표적 어록 한 가지.

| 지금, 이 순간이 가장 힘든 시기다. |

인생이든, 비즈니스든 오늘이 가장 중요한 시간이라는 것이다. 여기엔 당장 선전, 호조, 호황이 언제 멈출지 모른다는 위기감이 깔려있다. 그렇다고 요시하루 대표가 치열한 삶만을 강조하는 건 아니다. 그는 여행의 의미를 그 누구보다 강조한다.

| 어떻게든 시간을 짜내서 여행을 떠나라. 감성을 닦기 위해서는 '일 이외의 시간'이 매우 중요하다. 거기서 닦은 감성이 일에서 큰 성과를 낳는다.

아수라장을 경험해 보라

나카니시 히로아키
히타치제작소 전 회장

경영 위기는 어떤 기업도 피해 갈 수 없다. 때론 리더의 실수나 잘못된 판단이, 때론 조직의 자만심이 기업을 위태롭게 만든다. 또한 경영 환경 변화에 따른 외부 요인 탓에 기업이 흔들리거나 곤경에 빠지는 경우가 허다하다. 중요한 건 이런 위기에 빠졌을 때 '구렁텅이를 어떻게 극복해 나가느냐' 하는 것이다.

그런 면에서 세계 최대의 전기 메이커 히타치제작소는 경영 위기 극복에 성공한 대표적 사례로 꼽을 만하다. '침몰하는 거함' 히타치를 구한 나카니시 히로아키(中西宏明, 1946년~2021년) 전 사장 겸 회장이 주인공이다.

수라장을 경험해야 경영자는 성장한다

추억의 일본 SF 애니메이션 '마징가 Z'를 기억하는가? 이 애니메이션엔 오른쪽 몸은 여자, 왼쪽 몸은 남자인 기괴한 악역 '아수라'(일본에선 아수라 남작, 한국판에선 아수라 백작으로 표현)가 나온다.

악당 역의 아수라는 불교에서는 호전적인 악귀다. 아수라에 대항해 싸우는 게 제석천으로, 부처를 수호하고 불법을 지키는 역할을 한다. 이 제석천과 아수라의 싸움터가 아수라장이다. 일본에선 보통 수라장(修羅場, 슈라바)이라고 한다.

참혹한 전쟁터, 혼란 상태에 빠진 현장을 의미하는 불교 용어 수라장(아수라장). 이 수라장이 들어간 어록을 남긴 이가 나카니시 히로아키 전 회장이다. 그는 "수라장을 경험해 보지 않으면 경영자는 성장하지 않는다"라고 했다.

한때 제조업 사상 최대 적자에 빠졌던 히타치제작소. 이 회사가 처한 상황은 그야말로 상대 없는 전쟁터였다. 나카니시 전 회장은 '구원투수 경영자'로 활약했던 시절을 회고하며 치열한 싸움터에 직접 뛰어들어 패배든, 성공이든 뭐든 경험해 보라고 주문했다. 경영권을 세습 받아 꽃길만 걸었거나, 공격

보단 수성으로 자리만 보전했거나, 그 흔한 전쟁 한 번 치러보지 않은 리더라면 눈여겨볼 일이다.

히타치제작소는 1920년 설립된 '100년 기업'이다. 가전제품부터 건설, 철도, 원자력 발전 등 중후장대 사업의 대명사다. 이름은 이바라키현 히타치시에 있는 히타치 구리 광산에서 유래했다. 이 광산 사업소에서 일본 최초로 5마력 모터를 자체 개발한 것이 히타치제작소의 출발이다.

'기술의 히타치'에서 '강한 히타치'로

'기술의 히타치'라는 캐치프레이즈에서 알 수 있듯이 줄곧 기술직 출신이 CEO를 맡아왔다. 그런 탓에 '노부시(野武士)'라는 기업 문화로 유명하다. 들판(업계)의 무사처럼 싸움터를 누비던 히타치도 2008년 리먼 쇼크를 피해 갈 순 없었다. 당시 히타치는 사상 최대 7,800억 엔이 넘는 거액의 적자에 빠졌다. 그때 입에 오르내리던 말이 '침몰하는 거함'이었다.

실적 악화의 책임을 지고 쇼야마 에츠히코 회장과 후루카와 카즈오 사장이 2009년 4월 동시에 사임했다. 이들을 대신해 사장 겸 회장에 취임한 이가 자회사에 몸담고 있던 가와무라 다카시이다. 가와무라는 1년 후인 2010년 4월, 미국 자회사 재건에 힘쓰던 나카니시 히로아키 부사장을 본사 사장(임기 2010~2014)으로 파격 등용했다.

경영의 키를 잡은 나카니시 사장(도쿄대 전기공학과 졸업)이 가장 먼저 한 일은 기업 슬로건 변경이다. '기술의 히타치'에서 '강한 히타치'로 바꿨다. 살아남아 거함을 물 위로 다시 띄워 올려야 했던 것. 그는 디지털화를 축으로 선택과 집중을 통해 그룹 사업 재구축에 나섰다.

기업 수익성을 높이기 위해 2011년 4월 가동했던 '스마트 트랜스포메이션 프로젝트'라는 비용 절감 대책도 큰 힘을 발휘했다. 이를 통해 2015년 3분기에는 3,200억 엔(누계)의 코스트 절감을 이뤄냈다. 경영 효율성을 높이기 위해 10년에 걸쳐 상장 자회사 수를 22개에서 4개로 줄여 나갔다. 그렇게 히타치는 재건에 성공, 마침내 V자 회복을 달성했다. 그 과정이 만만치는 않았다. 아래는 경제매체 〈다이아몬드〉 언론의 평가다.

> '이렇게 개혁해야만 합니다'라는 논리를 한 번 굳히면 쉽게 구부리지 않는 성격이어서 적도 많았다. 히타치의 사업 구

조 개혁이 일관성 있게 추진되고, 수익이 크게 개선된 것은 나카니시 히로아키의 담력이 있었기 때문에 가능했다.

2014년 사장에서 회장으로 물러난 나카니시는 2018년 5월, 경제단체연합회(경단련) 회장에 취임했다. 1년 후인 5월 악성 림프종이 발견돼 경단련 회장직을 잠시 쉬었다가 복귀했다. 2020년 7월엔 림프종이 재발, 항암치료를 받으면서 직에서 물러났다. 그러다 2021년 6월 27일 세상을 떠났다.

혹독한 환경이
사람을 더 강하게 키운다

후지이 류타
류가쿠산 사장

○○○의 목캔디는 중국 입소문 사이트에 '신의 약'으로 소개되는 등 일본을 방문하는 중국인들 사이에 인기가 높다.

○○○에 들어갈 단어는 뭘까? 코로나 상황 이전, 일본을 찾던 중국 관광객들의 대량 구매를 '바쿠가이'(싹쓸이 쇼핑)라고 한다. 그 바쿠가이 리스트에 ○○○도 빼놓을 수 없다.

연륜으로 보자면 이젠 레전드급. 은색 동그란 용기. 뚜껑을 열면 분말과 새끼손가락 크기의 스푼이 들어 있다. 스푼으로 분말을 떠서 입에 털어 넣으면 도라지 맛이 목구멍에 확 퍼진다. 그렇다! ○○○은 우리가 아는 진해거담제 용각산(龍角散)

이다.

한국의 용각산은 일본 제약회사 '류가쿠산'에서 건너왔다. 1967년 한국의 보령제약이 류가쿠산과 정식 제휴를 맺고 가져다 팔기 시작했다. 글로벌 제약사에 비하면 류가쿠산의 매출 규모는 작지만 브랜드 파워는 대단하다. 지금도 일본에선 '콜록~하면 류가쿠산'이라는 광고로 유명하다.

변화에 적응하지 못하면 망한다

일본에서 류가쿠산이 처음 제조된 건 18세기 중엽이다. 일본 동북부 아키타 지방 영주의 천식 치료용이었다. 일본에 갓 들어온 서양의학을 접목해 식물성 생약에서 추출한 성분으로 기관지와 목 정화작용 효과를 노렸다. 좀 더 구체적으로는 1871년, 후지이 가문이 류가쿠산을 처음 조제 하기 시작했는데, 그 역사로 보면 150년이 넘는다.

우리가 들여다볼 주인공은 류가쿠산의 경영을 맡은 후지이 류타(藤井隆太, 1959년~) 8대 사장이다. 후지이 사장은 음악가라는 이색 경력의 소유자다. 명문 사립 음대인 도호학원 출신으로 중학교 때까지 바이올린을 했고, 고등학교 때 플루트로 방향을 바꿨다.

대학 졸업 후 1년간 프랑스 유학을 거쳐 귀국, 전공과는 무관한 고바야시 제약에 신입 사원으로 입사했다. 가족 회사가 아닌 고바야시 제약을 선택한 이유에 대해 그는 "처음부터 엄격한 곳에서 비즈니스 경험을 단련하고 싶었다"라고 했다. 이후 미쓰비시 화학으로 이직하면서 주로 '현장 영업맨'으로 뛰었다.

10년간 다른 곳에서 일하던 그가 아버지 회사 류가쿠산에 입사한 건 1994년이다. 그런데 입사 1년 만인 1995년 35세의 나이에 돌연 회사 경영을 맡게 됐다. 7대 사장인 아버지가 암으로 더 이상 회사를 이끌 수 없었기 때문이다.

1995년 당시 류가쿠산은 빚더미의 총체적 경영 위기 상태였다. 매출은 40억 엔, 부채는 그와 맞먹었다. 더 큰 문제는 임원들이었다. 신제품 출시로 매출 하락을 돌파하기는커녕 기존 제품에 얽매여 있었고, 생각 그 자체도 멈춰 있었다.

> 일본에서 류가쿠산은 모르는 사람이 없을 정도로 유명합니다. 하지만 오래될수록 명성을 유지하기가 쉽지 않습니

다. 당시 류가쿠산은 망해 가는 중이었어요. 정말 섬뜩했어요. 선배 간부들은 전혀 위기감을 느끼지 못하고 있었습니다. 류가쿠산처럼 전통이 오랜 회사일수록 변화를 싫어합니다. 하지만 변화에 적응하지 못하면 망하는 건 시간문제입니다.

악기는 사무라이의 칼과 같다

후지이 사장은 임원들의 이런 무사안일을 개혁하는가 하면 신제품(젤리 스타일 제품) 출시로 위기를 타개해 나갔다. 그가 회사를 적자에서 구해낼 수 있었던 성공 요인은 어디에 있을까? 후지이 사장은 NHK 교향악단 수석 연주자를 역임한 플루트 스승의 말을 답으로 제시했다.

악기는 사무라이의 칼과 같다. 언제 실전(정식 연주)이 닥치더라도 컨디션을 조절해 둬야 한다.

후지이 사장은 "스승의 가르침은 음악뿐만 아니라 모든 직업에 통하는 '프로의 마음가짐'이 아니겠는가?"라고 반문했다.

덧붙여 후지이 사장은 음악 명문 도호학원의 엄격한 과정을 되돌아보면서 "미지근한 환경에서 사람은 성장하지 못한다"라고 강조했다. 힘들고 혹독한 환경일수록 사람(사업)을 더 강하게 단련시킬 수 있다는 얘기다.

후지이 사장이 경영을 맡고 나서 류가쿠산은 어떻게 됐을까? 부채를 다 청산함은 물론, 2018년엔 매출이 5배 늘어난 200억 엔을 달성했다. 1995년 아버지 대신 구원투수로 등판한 후지이 사장이 30년 가까이 CEO 자리에 있는 이유다.

안 팔리는 물건엔 이유가 있다

아오이 타다오
마루이 그룹 전 사장

일본에서 크레딧 카드(신용카드)를 최초로 만든 이가 마루이 그룹의 아오이 타다오 전 사장이다. 마루이 그룹은 마루이백화점을 중심으로 하는 유통소매기업. 이 그룹의 성장사를 이야기할 때 이 '크레딧'(신용)이라는 용어는 빠지지 않는다.

때와 장소를 1949년 미국 뉴욕으로 옮겨본다. 그해 어느 가을날, 미국 사업가 프랭크 맥나마라는 맨해튼의 한 레스토랑에서 파트너와 저녁을 먹고 있었다. 식사가 끝나고 돈을 내려는데 양복 안에 지갑이 없었다. 다른 옷에 두고 온 것.

난감해진 맥나마라는 황급히 교외에 있는 집에 전화해서 아내에게 "현금을 갖고 오라"라고 말했다. 서둘러 달려온 아내가 비용을 지불하고 당황스러운 사태에서 벗어났다. 그런데 맥나마라는 거기서 한 가지 아이디어를 떠올렸다. 레스토랑 주인과 논의한 끝에 외상으로 식사할 수 있는 다목적 충전 카드를 생각해 낸 것. 신용카드가 세상에 처음으로 탄생하는 순간이었다.

이런 아이디어를 기반으로 맥나마라는 변호사 친구 랄프 슈네이더와 1950년 2월 신용카드 회사 다이너스클럽을 설립했다. 카드가 처음 출시되었을 때 다이너스클럽의 고객은 200명, 27개 레스토랑에서 사용할 수 있었다. 그러던 것이 1년 만에 고객은 2만 명으로 늘어났다. 카드 사용 지역은 뉴욕뿐만 아니라 미국의 다른 대도시로 확장되었다.

시대의 흐름을 앞서 읽는 '촉'을 가져라

장소는 다시 일본. 우리가 현재 사용하는 신용카드는 대금을 일괄 또는 분할 지불 하는 외상 카드다. 이런 시스템은 에도 시대부터 존재했었다. 미국의 경우, 레스토랑에서 외상 지불이 계기가 되었다면, 일본에서는 포목점을 중심으로 할부 판매가 이뤄졌다.

구닥다리 명칭으로 여겨지던 할부가 크레딧(신용)이라는 새로운 이미지의 말로 바뀐 건 1960년. 아오이 타다오(靑井忠雄, 1933년~) 마루이 그룹 전 사장이 이를 주도했다. 동시에 그는 일본에서 처음으로 마루이의 크레딧 카드를 발매했다.

하지만 당시 신용카드는 종이로 된 카드로, 기능이 제한적이었다. 마루이에서만 사용할 수 있었고, 단순히 '할부 지불용' 수준에 불과했다. 현재와 같은 플라스틱 신용카드가 일본에서 처음 등장한 건 1963년, 일본 다이너스클럽 카드가 나오면서다. 다음 해 도쿄올림픽과 맞물리면서 카드 수요가 폭발적으로 급증했다.

마루이의 역사는 1931년으로 거슬러 올라간다. 아오이 츄지가 도쿄에 할부전문점을 창업한 것이 그 출발이다. 앞서 그는 1922년 가구를 월부로 판매하는 마루니상회에 취직해 일하면서 독립해 마루이를 창업했다. 회사 이름 마루이(丸井)는 첫 회사(마루니상회)의 '마루'(丸)와 창업자의 이름(아오이, 井)의 '이'(井)에서 한 글자씩 따왔다.

도쿄 태생으로 와세다대학 상학부를 졸업한 아오이 타다오는 창업자 아버지의 뒤를 이어 2대 사장을 맡았다. 경영자에겐 시대의 흐름을 앞서 읽는 '촉'이 있어야 하는데, 아오이 타다오는 멀리 보는 '망원경 눈'을 갖고 있었다.

장사에서는 손님이 '왕'이다

그는 할부 대신 신용이라는 새로운 단어를 만들어 전파하고 선진적인 이미지를 사람들에게 심어주었다. 특히 젊은 층을 파고들었다. 그는 1972년부터 2005년까지 30년 넘게 사장직에 있으면서 신용 혁신을 선도했고, 지금의 마루이 그룹 초석을 다졌다. 그 기간 그룹의 매출을 10배 가량 성장시켰다. 소매기업 경영자답게 아오이 타다오는 '고객 마음잡기'에 가장 신경 썼다. "장사에서는 손님(고객)이 선생님(왕)"이라며 다음과 같이 말했다.

> 손님(고객)은 '사지 않는다는 사실'을 회사에 가르쳐 준다. 팔리지 않는다는 건 뭔가 손님에게 미움받고 있다는 증거다. 상품을 제대로 못 만들었든가, 판매 방법이 나쁘든가, 어느 쪽이든 손님에게 미움받고 있으면 물건은 팔리지 않

는다. 거기엔 변명의 여지가 없다.

아오이 타다오는 상품을 팔고, 더 나아가 성공하기 위해서는 '스스로 상황과 위치를 먼저 파악해야 한다'라고 강조했다. 일본에서 크레딧 카드를 가장 먼저 내놓은 그의 경영철학은 다음 한 문장으로 요약된다.

> 성공 요령으로는 첫째, 자신을 알아야 한다. 둘째, 자신의 고객을 알아야 한다. 셋째, 겸손해야 한다.

교만은 변기 속에 버려라

오쿠라 가즈치카
토토 초대 사장

토토(TOTO). 일본에서 화장실과 세면기 등 위생 도기 시장을 지배하고 있는 회사다. 토토는 동양도기(Toyo Toki)를 줄여 부르던 동도(東陶)의 영어 발음에서 따왔는데, 1969년 제품에 TOTO라는 브랜드를 정식으로 사용하기 시작했다.

    토토는 실업가 오쿠라 가즈치카(大倉和親, 1875년~1955년)로부터 시작됐다. 1894년 게이오대학을 졸업한 오쿠라는 도기 기술 시찰을 위해 유럽을 방문하면서 위생 도기에 관심을 갖게 됐다. 나고야에서 아버지 등과 함께 일본도기를 설립한 게 1904년이다.

    해외 생활을 오래 경험했던 오쿠라는 "머지않아 위생 도기의 시대가 올 것"이라고 확신하며 당시 수입에 의존하던 위생도기의 국산화 연구에 돌입했다. 1917년 일본도기의 전용 공장을 분리, 독립시켜 동양도기를 세웠다.

라이벌이 없어지는 것을 가장 경계하라

그런 오쿠라 가즈치카는 생전, 사업에서 라이벌이 없어지는 것을 가장 경계했다. 그는 "나(우리)를 넘어서는 것이 없어졌을 때가 가장 걱정"이라고 했다. 한 회사를 예로 들어보자. 라이벌들과 시장 판도를 두고 피 터지는 경쟁을 할 때는 늘 긴장하기 마련이다. 그러다 마침내 업계 1위 자리에 올라서는 기회를 잡는다. 운 좋게 독주가 오랫동안 이어진다.

라이벌이 사라진 세렝게티는 더 이상 세렝게티가 아니다. 거기엔 긴장감 대신 '무서운 교만'이 싹튼다. 결국 그런 교만은 회사의 추락을 부른다.

교만한 기업은 고객의 목소리를 흘려듣고, 혁신의 필요성을 가볍게 여긴다. 내부의 경고조차 무시한 채, 자신들이 만든 성벽 안에서 안주한다. 그 순간부터 기업은 서서히 썩어 들어가며, 한때의 영광은 추억으로 남을 뿐이다. "교만은 변기 속에 버려야 한다"라는 오쿠라 가즈치카의 조언은 오늘의 기업에도 여전히 유효하다.

운運, 둔鈍, 근根을 가져라

무라타 아키라
무라타제작소 창업자

오래전 일이다. 자주 가던 일본 최남단 가고시마현에서 재밌는 이름의 술을 발견했다. 가고시마현은 쌀로 빚는 사케가 아닌, 고구마로 만드는 고구마 소주 주산지다. 매장에서 눈길을 확~ 잡은 술병엔 '운둔근(運鈍根)'이라 적혀 있었다. 당시엔 "흥미로운 네이밍 작법이네"라며 그냥 흘려버렸다.

운이 트일 때까지 버텨 내는 끈기와 근성

몇 년이 흘러서 알았다. '운둔근'이라는 말이 삼성 이병철 창업주가 평소 붓글씨로 즐겨 쓰던 휘호라는 걸 말이다. 이병철은 성공의 3가지 요소로 운(運), 둔(鈍), 근(根)을 꼽았다. 그는 《호암어록》이라는 책에서 이렇게 썼다.

> 사람은 능력 하나만으로 성공하는 것은 아니다. 운을 잘 타야 하는 법이다. 때를 잘 만나야 하고, 사람을 잘 만나야 한다는 뜻이다. 그러나 운을 잘 타고 나가려면 역시 운이 다가오기를 기다리는 일종의 둔한 맛이 있어야 한다. 운이 트일 때까지 버텨 내는 끈기와 근성이 있어야 한다.

이병철의 경영철학으로 손색이 없지만, '그'라면 여기에 하나를 더 추가해도 좋았을 법하다. 바로 감(感)이다. 반도체의 미래를 내다보았던 그가 아닌가.

또 몇 년이 더 흘러서 알았다. 이 '운둔근'이 일본 무라타제작소의 창업주 무라타 아키라(村田昭, 1921년~2006년) 회장의 어록이라는 것을 말이다. 아키라 회장은 "사업에서 가장 중요한 것은 우직할 정도까지의 성실함"이라며 다음과 같이 말했다.

> 사업가로서의 내 인생을 되돌아보면, 바로 운, 둔, 근 자체

> 였다. 내게 있었던 것은 행운, 우직함, 끈기뿐이다. 어려울 때는 반드시 도와줄 사람이 나타났다. 사업가에게 가장 중요한 것은 우직할 정도까지의 성실함이다.

사는 사람 좋고, 파는 사람 좋고, 세상에도 이롭다

이병철과 아키라 두 사람 모두 '사업에서 사람을 잘 만나야 한다'라고 강조하고 있다. 아키라 회장은 이병철 회장보다 열 살 아래다. 그럼 그가 이병철 회장이 즐겨 쓰던 휘호를 자신의 어록으로 삼았던 걸까? 아니면 그 반대일까? 또 아니면 '이도 저도' 아닌 걸까?

'운둔근'이라는 말이 어디서 생겨났는지 정확하게 알려진 건 없다. 다만 일본 경제 전문가들은 그 어원을 오미상인들의 장사 수완에서 비롯됐다고 보고 있다. 오미상인(近江商人), 그들이 누구이던가. 지독하기 그지없는 '상인 중의 상인'이 아니던가.

오미상인은 교토와 인접한 시가현의 오미하치만 등 5개 지역 출신의 상인들을 말한다. 에도 시절부터 지역을 중심으로 전국 각지로 행상하며 활동했던 오미상인은 일본에서 복식부

기를 최초로 사용했던 상인들이었다.

오미상인이 중요하게 여긴 것이 바로 '삼포요시(三方よし)'다. 사업에서 3가지가 좋아야 한다는 것이다. '사는 사람 좋고, 파는 사람 좋고, 세상에도 이롭다.'

정리하자면, 아마도 일본 사정에 밝았던 이병철 회장이 오미상인의 장사 수완에서 '운둔근'을 가져온 걸로 여겨진다. 무라타 아키라 회장 역시 마찬가지다.

동업자의 일을 뺏지 마라

이젠 무라타제작소 이야기. 제작소라고 깔보지 마라. 교토에 본사를 둔 무라타제작소는 적층 세라믹 콘덴서(MLCC) 분야에서 세계 톱 기업이다. 세계 시장 점유율이 40~45%에 달한다. MLCC는 스마트폰, 컴퓨터, TV, 전기차 등 거의 모든 전자제품에 들어가는 핵심 부품. 전기를 저장해 두었다가 일정하게 전기를 보내주는 역할을 하는 MLCC는 '전자 산업의 쌀'이라고도 불린다. 그런 무라타제작소는 전자부품 기업 중 영업이익률이 최고 수준으로 알려져 있다.

무라타제작소가 처음부터 '초알짜 기업'이었던 건 아니다. 창업자의 아버지는 전봇대용 '애자(碍子)'를 만드는 가족 기업을 운영했다. 아들 아키라는 거기에 머물지 않고, 특수 정밀 도자기에 주목했다. 전자부품으로 사용될 수 있다고 판단, 사업을 확대해 세라믹 전자부품 업체로 변신했다. 그렇게 1944년 무라타제작소가 출범했다.

1950년 교토대학과 산학협동으로 산화티타늄 콘덴서 개발에 성공하면서 새로운 발판을 마련했다. 세라믹 반도체 및 통신기기용 필터도 잇달아 개발했다. 하지만 사업은 순탄치 않았다. 사장이 대학을 나오지 않았다는 것도 한 가지 이유였다. 아키라 회장은 폐결핵 때문에 교토시립 제일상업학교를 중퇴했다.

회사 초기 어떤 기업에도 납품하지 못했다. 상황이 녹록하지 않자, 아키라 창업자는 해외로 눈을 돌렸다. 미국 최대 자동차 회사 GM과 협상을 거쳐, 일본 전자부품 회사로는 처음으로 미국에 공장을 건설했다. 다음과 같은 일화가 전해진다.

당시 자동차 거인 GM을 매료시키기는 쉽지 않았다. 아키라 회장이 몇 차례 GM을 방문했지만, 그쪽에선 별 반응이 없었다. 하지만 기회는 엉뚱하게 찾아왔다. GM 기술자가 일본 구매 담당자 책상에 놓인 무라타의 세라믹 필터를 별생각 없이

테스트해 본 것이다. GM 기술자는 무라타 제품에서 미국산에는 없는 특성을 발견했다. 그렇게 무라타 부품이 GM 자동차 라디오에 채용됐다.

아키라의 아버지는 아들에게 "동업자의 일을 뺏지 마라"라고 가르쳤다. 아키라는 그런 가르침을 지키기 위해 세라믹에 미쳐 살았고, 누구도 흉내 낼 수 없는, 심지어 지구상에 존재하지 않는 제품을 만들었다. 1엔짜리 부품도 마다하지 않았다.

'기업 회생의 신'으로 불렸던 교세라 창업주 이나모리 가즈오는 무라타 아키라에 대해 '호기심이 매우 강한 사람'이라고 평가하기도 했다. 그런 아키라 창업주는 1991년 70세 무렵에 장남에게 사장 자리를 내주고 회장으로 물러났다. '운둔근의 경영자'는 2006년 2월 3일 폐렴으로 세상을 떠났다. 당시 84세였다.

무라타제작소에 대한 비판도 적지 않았다. 장남(2대 사장)과 차남(3대 사장)이 잇달아 사장을 맡는 세습경영을 했기 때문이다. 하지만 2020년 6월 창업 가문이 아닌 경영인(나카지마 노리오)이 처음으로 사장에 취임하면서 그런 시선에서 벗어났다. 무라타제작소의 영문 로고(muRata)에서 중간의 대문자 R은 Research의 머리글자를 딴 것이다.

경영은 나무 나이테 같다

츠카요시 히로시
이나식품 전 회장

> 어떤 국면에서도, 1년, 1년 착실하게 '연륜'을 새겨 나갈 것입니다.

토요타 자동차의 도요다 아키오 회장이 2014년 3월 결산을 발표하는 자리에서 했던 말이다. 위 문장에 나오는 '연륜(年輪)'이라는 말은 아키오 회장이 단순하게 동원한 단어가 아니다. 오랫동안 '연륜 경영(年輪経営)'을 주창해 온 한 경영인의 경영철학에서 빌려온 단어다.

주인공은 나가노현 이나시에 본사를 둔 이나식품의 츠카요시 히로시(塚越 寬, 1937년~) 전 회장이다. 이나식품은 한천을 만드는 식품업체로, 일본 시장 80%를 점유하고 있다.

　도요다 아키오 회장은 이나식품 본사를 여러 차례 방문한 적도 있고, 히로시 전 회장과 담론을 펼친 적도 있다. 일본 언론들은 히로시 전 회장을 아키오 회장의 '선생 또는 스승'이라고 칭한다. 아키오 회장은 "히로시 회장으로부터 여러 가지를 배웠다"라고 말했다.

　아키오 회장뿐 아니다. 이나식품의 독특한 경영기법을 배우기 위해 대기업의 방문이 줄을 이었다. 그럼, 히로시 전 회장이 주창하는 '연륜 경영'은 도대체 뭘까? 의외로 단순하고 평범하다.

성장을 멈추지 말고 나이테를 하나씩 늘려 가라

> 나무는 추위와 더위, 가뭄 등의 환경에 따라 성장 폭은 다르지만, 전년보다 반드시 굵어지고 있다. 결코 성장을 멈추지 않고 확실하게 나이테를 하나씩 늘려 가고 있다. 이것이 기업의 바람직한 성장 모습이 아닐까 생각한다.

급성장이 아닌 조금씩 지속적인 성장을 해 나간다는 얘기다. 연륜 경영이 속도를 의미하는 것만은 아니다. 연륜 경영의 또 다른 축은 '행복'이다. 직원 수 500명의 회사를 이끌었던 히로시 전 회장은 "회사는 직원의 행복을 위해 있다"라고 강조했다. 그가 존경하는 인물은 에도 말기의 농정개혁가 '니노미야 손토쿠'다.

니노미야 손토쿠는 일본인들에게 '근면의 상징'으로 통하는 인물이다. '나뭇짐을 지고 책을 읽는 어린 농부 동상'이 일본 전역에 보급되기도 했는데, 그 주인공이 니노미야 손토쿠다.

니노미야 손토쿠는 '먼 곳을 도모하는 자는 풍요로워지고, 가까운 곳을 도모하는 자는 가난하다'라는 유명한 어록을 남겼다. 눈앞의 이익에 얽매이지 않고 멀리 내다보며 나아가는 자세의 중요성을 일러주는 말이다. 히로시 전 회장의 연륜 경영은 여기서 출발했다.

그의 경영철학은 '좋은 회사를 만들자'라는 사시에 잘 녹아 있다. 좋은 회사는 곧 '직원들을 행복하게 만드는 회사'라는 것. 히로시 전 회장은 "좋은 회사는 매출 숫자로 측정할 수 있지만, 좋은 회사의 가치는 수치화할 수 없다"라고 했다.

그는 스물한 살 때 사장 대행으로 입사한 이후, 한 번도 구조조정을 한 적이 없다. 이익을 더 내라고 닦달하는 법도 없었다. 그의 이익론도 남달랐다.

이익은 '똥'이다

> 이익을 중시하는 경영자가 많지만 나는 '이익은 마지막 남은 찌꺼기 같은 것'이라고 생각한다. 더 극단적인 표현을 하면 '이익은 똥'이다. 세상은 이익이 조금이라도 줄어들면 성장이라고 부르지 않는다. 내가 생각하는 성장은 수치 면에서 확대가 아니라 '이전보다 회사가 좋아졌다'라고 직원이 느끼는 데 있다. 그리고 회사는 직원이 행복하기 위해 존재한다.

이나식품은 1973년부터 매년 1회씩 교대로 직원들에게 국내여행과 해외여행을 보내주는 회사로 유명하다. 다른 복지제도도 다양하지만, 지점과 영업소의 위치에도 큰 신경을 썼다고 한다. 히로시 전 회장은 이렇게 말했다.

> 직원들의 안전이 최우선이기 때문에 전국 지점과 영업소는 지진이나 화재 위험이 낮은 고급 주택가에 일부러 지었다. 땅값은 물론 비싸지만, 직원들의 목숨보다 소중한 것은 없다.

히로시 전 회장이 자신만의 독특한 경영을 했던 이유는 어디에 있을까? 그는 17세 무렵에 3년 동안 폐결핵을 앓은 적이 있다. 당시 투병 생활에서 얻은 인생철학이 공부가 됐다. 직원들에게 행복을 최우선시하게 됐다는 것이다.

연륜 경영의 또 다른 특징은 3가지 비즈니스 스타일에 있다. 첫째, 무리한 성장을 좇지 않고, 둘째, 적을 만들지 않으며, 셋째, 성장의 파종을 게을리하지 않는 것이다.

2005년 '한천 붐'이 불었다. 언론에서 '한천이 건강에 좋다'고 보도가 이어지면서 주문이 쇄도했다. 주위에서는 증산하자고 제안했다. 하지만 히로시 전 회장은 거절했다.

> 일시적인 유행이다. 그 이후에 반드시 싫은 일이 일어난다.
> 직원을 희생시키고 싶지 않다.

싫은 일이란 주문이 줄어들 경우, 직원들을 줄이는 것을 말한다. 적을 만들지 않기 위해서는 세상에 없는 제품, 타사에서 흉내 낼 수 없는 제품을 만든다. 지속적 성장을 위해서는 연구 개발 투자(파종)도 꾸준하게 한다. 이런 연륜 경영을 통해 히로시 전 회장은 과거 50년 동안 한 번도 빠지지 않고 수익을 늘릴 수 있었다.

직원들이 행복하니, 어찌 보면 당연한 결과가 아닐까? 게다가 신입 지원자들이 몰리는 건 더 당연할 일 아닌가.

3장

돌파

突破

돌파는
벽을 부수고, 길이 없는 곳에
길을 내는 행위다.

누구나 벽에 부딪히지만, 그 벽을 넘어서는 자만이 다음 세상을 본다. 돌파는 곧 새로운 질서와 내일을 여는 열쇠다. 병법에서 돌파란 적의 허를 찌르는 순간이자, 전세를 뒤집는 기습공격이다. 진정한 돌파는 눈앞의 벽을 부수는 데서 끝나지 않는다. 그것은 사람들의 생각과 한계를 깨뜨리고, 더 큰 가능성을 열어젖힌다. 끝장을 각오한 리더만이, 끝내 새로운 길을 연다. '돌파'란 위기 속에서 다시 태어나는 리더십의 다른 이름이다.

못 넘을 벽이라면 차라리 뚫어라

아라마키 코이치로
기린 맥주 전 사장

일본 맥주 4사(아사히, 기린, 산토리, 삿포로) 사장들의 이야기를 다룬 《맥주 영업왕 사장들의 싸움》이라는 책이 있다. 여기엔 이런 대목이 등장한다.

> 2009년 12월 30일, 선두 탈환 소식을 접한 기린 맥주의 임원진은 크게 고무되어 있었다. 도쿄 한 식당의 망년회 자리. 기린홀딩스의 가토 카즈야스 사장은 흐르는 눈물을 주체할 수 없었다. 맥주 시장에서 기린이 아사히에 톱 자리를 내준 건 2001년. 당시 가토 카즈야스는 주류 사업을 담당하던 사업부장이었고, 사장은 아라마키 코이치로였다.

아라마키 코이치로(荒蒔康一郎, 1939년~)는 미국에서 유산균 등을 연구하고 귀국해 기린 맥주에 입사했다. 유업 회사에 몸담았다가 기린으로 돌아와 오랫동안 의약 사업에서 일했던 이색 경력의 경영자다. 기린 맥주와 아사히 맥주가 시장 점유율 1위 자리를 놓고 치열한 싸움을 벌이던 2001년 사장에 취임했다.

기린 맥주는 한때 '부동의 제왕'이라 불렸다. 무려 47년 동안 시장 점유율 1위를 고수했기 때문이다. 그런데 1987년 아사히 맥주가 드라이함과 깔끔한 맛을 살린 '슈퍼드라이'를 내놓으면서 이야기가 달라졌다. 이에 기린은 1990년 '이치방 시보리' 출시로 대적했다. 중간중간 약간의 변화는 있었지만, 1990년 후반부터는 아사히가 선두를 굳힌 형세였다.

《맥주 영업왕 사장들의 싸움》은 기린이 선두 자리를 잠시 탈환하던 2009년 겨울의 분위기를 전하고 있다. 기린이 아사히에 1위 자리를 내주던 '통한의 그 시기', 당시 사장 아라마키 코이치로는 열정과 집념의 경영자였지만, 퇴임 전까지 한 번도 기린을 1등 자리에 올려놓지 못했다.

벽을 넘는 경영

2001년 3월 사장, 2006년 회장에 취임한 아라마키 코이치로는 '시장의 벽'을 누구보다 실감했다. 1등 벽을 구축한 건 기린이지만 훗날 아사히는 그 벽을 뛰어넘었다. 아라마키 코이치로는 자신만의 '벽(장애물)을 넘는' 경영 어록을 남겼다.

> 아무리 높은 벽이 있어도 기어 올라가 보라. 기어 올라갈 수 없다면, 비틀어서라도 열어라. 그것도 무리라면, 구멍을 뚫고 건너편으로 나아가라.

눈앞에 벽(장벽)이 있다고 가정해 보자. 사람들은 대개 벽을 어떻게 넘을지 그 '높이'에만 신경을 쓴다. 하지만 아라마키 코이치로는 '높이'보다는 '방법'을 제시했다. 넘을 수 없는 벽이라면 차라리 뚫고 지나가야 한다는 것이다. '산이 높다고 해서 (원래 자리로) 돌아가서는 안 된다. 가면 넘을 수 있다'는 몽골 속담을 연상케 한다.

좁은 길도 비집고 가라

이나바 세이우에몬
화낙 전 회장

박용만 전 대한상의 회장은 2020년 10월, 페이스북에 한 일본인 경영자의 별세를 아쉬워하는 추모의 글을 올렸다.

> 아주 키가 작은 거인이었다. 이 분은 존경할 수 있는 좋은 분이었다. 화낙 공장에 가면 내 손을 잡고 아무도 없는 창고에 데려가 조용히 말하며 필사 노트 등을 보여 주었다. 아버지를 다시 잃은 것 같아 마음이 무겁다.

추모 상대는 일본 화낙 창업주 이나바 세이우에몬(稲葉清右衛門, 1925년~2020년) 전 회장. 박용만 회장은 두산인프라코어가 화낙에서 공작기계 제어 장치를 구매하며, 이나바 전 회장과 인연을 맺었다.

좁은 길일지라도, 곧장 가라

'후지산의 노란 왕국'을 거느렸던 이나바 세이우에몬은 로봇 기술 연구라는 '한 우물 파기'의 대표적 경영인이었다. 그의 경영 방식은 '좁은 길일지라도, 곧장 가라'는 말로 정리된다. 이런 그의 경영 방식을 일컬어 '이나바류(稻葉流)'라고 칭하기도 한다.

후지산 기슭 야마나시현에 있는 화낙은 산업용 로봇 분야의 세계 최강자다. 공작기계 제어 장치와 금속 굴삭 분야의 점유율은 세계 톱이다. 삼성전자, LG전자, 현대자동차, 애플, 테슬라, GM 등이 화낙의 고객들이다. 이런 화낙의 출발은 69년 전으로 거슬러 올라간다.

> 이나바 군, 앞으로는 3C의 시대가 반드시 올걸세. 자네는 NC(수치제어, Numerical Control)를 개발해 보게.

1956년 후지통신기기제조(현 후지쓰)의 오미 한조우 기술 담당 상무는 입사 12년 차 이나바 세이우에몬에게 이렇게 말했다. 상무의 말은 도쿄대학 공학부를 졸업한 이나바의 운명을 완전히 바꿔 놓았다.

곧바로 회사 내에 NC 사업부가 발족했고 팀장으로 이나바가 발탁됐다. 당시 후지통신은 사업 보고서를 구분하기 위해 색상을 달리했는데, NC 사업부는 '노란색'을 채택했다. 후지통신의 NC 사업부는 1972년 분리되어 '후지쓰화낙'이라는 회사가 되었다. 이나바가 전무로 임명되었고, 1975년엔 사장에 취임했다.

7년 뒤인 1982년엔 후지쓰를 떼어내고 화낙이라는 완전히 새로운 회사로 탈바꿈했다. 화낙(FANUC)은 후지 자동화 수치제어(Fuji Automatic Numerical Control)의 약자다.

고집 경영, 한 우물만 파라

'노란색 보고서'에서 시작된 화낙은 회사의 건물에서부터 작업 로봇, 사원들의 근무복, 모자 등 모든 게 노란색이다. 기업의 상징색이 되어버린 것. 노란색은 시각적인 효과가 선명해 공장의 위험한 기계(로봇)를 쉽게 인식할 수 있는 장점도 있다. 위험성을 줄일 수 있다는 얘기다.

화낙은 '후지산의 숨은 기업'으로 불렸다. 상장 기업이면서 최소한의 정보만 공개됐고, 경영진들은 그 흔한 인터뷰조차 하지 않았다. 놀라운 건 그들의 영업이익률. 한때 '40%'를 넘어서기도 했다. 1983년 도쿄증권거래소 1부에 상장한 이후 평균 영업이익률은 31%. 심지어 리먼 쇼크 이후 기계 메이커들이 일제히 적자로 내려앉았던 2010년 3월에도 21.7%라는 놀라운 영업이익률을 자랑했다. 현재도 22~24%대를 유지하고 있다.

화낙을 세계 톱 기업으로 키운 이나바 세이우에몬이지만, 세습경영 강행은 흠으로 남는다. 2003년 기존 사장을 '팽'시키고 장남(이나바 요시하루)을 자리에 앉힌다든가, 2013년엔 장남 이외에 모든 임원을 강등시키는 징벌적 인사를 단행한 건 '원맨 경영'의 부정적 측면으로 평가받고 있다.

모두가 여러 우물을 팔 때, 이나바 전 회장은 로봇 연구라는 '한 우물'을 고집했다. 모두가 회사 알리기에 열을 올릴 때, 그는 화낙만큼은 베일 속에 가둬 두었다. 그의 이런 '고집 경영'이 오늘날의 화낙을 만들었을지도 모른다.

"(기술자는) 좁은 길일지라도 곧장 나아가는 게 중요하다"라고 했던 엔지니어 출신의 이나바 전 회장. 그의 말을 마음에 새겨 둘 일이다. 길이 좁더라도 되돌아가지 말고, 길이 좁더라도 멈추지 말고. 뚜벅뚜벅 말이다.

비즈니스는 전쟁이다

우에시마 타다오
UCC커피 창업자

'커피의 날'이 있다는 걸 아는가? 2014년 3월 국제커피기구(ICO)가 10월 1일을 국제 커피의 날로 지정했다. 10월 1일을 정한 이유는 여러 설이 있지만, '전 세계적으로 커피를 기념할 단일한 날'을 정하자는 의도로 합의했다고 한다.

일본을 대표하는 커피 브랜드 UCC를 운영하는 'UCC 우에시마커피 주식회사'. 선견지명이 있었던 걸까? 이 회사는 일찌감치 10월 1일에 고베시에 UCC 커피 박물관을 오픈했다. 1987년 10월 1일의 일이다. UCC 우에시마커피는 효고현 고베에 본사를 두고 있다.

UCC 우에시마커피의 창업자는 '일본 커피의 아버지'로 불리는 우에시마 타다오(上島忠雄, 1910년~1993년). 나라현 출신의 우에시마가 커피 개인 상점을 창업한 건 1933년이다. UCC는 영어 'Ueshima Coffee Company'의 앞 글자를 딴 말이다.

전쟁에 임한 이상 지면 안 된다

UCC는 세계 최초로 캔커피를 발매한 회사로 잘 알려져 있다. 1969년 4월이다. 당시는 다방에서 커피를 마시는 것이 일반적이던 시절이었다. 우에시마 타다오는 "언제, 어디서나, 누구나, 간편하게 마실 수 있는 맛있는 커피를 만들고 싶다"라는 마음에서 캔 커피를 고안해 냈다.

당시의 상품명은 'UCC 커피 우유'. 하지만 곧바로 매출로 이어진 건 아니었다. 좀처럼 매출이 증가하지 않았다고 한다. 그러다 기회가 찾아왔다. 다음 해인 1970년 3월 '오사카 일본 박람회'가 열리면서다. 이를 계기로 폭발적인 히트를 기록했다.

'커피 외길 인생' 우에시마 타다오는 주위에서 "취미가 뭐냐?"라는 질문을 받으면 "한 사람이라도 많은 사람이 커피를 마시도록 몰두하는 일"이라고 답했다. 그런 그는 평소 직원들에게 "장사는 전쟁이다"라는 전투적인 말을 하곤 했다.

우에시마 타다오는 "전쟁에는 이기느냐 지느냐, 사느냐 죽느냐 두 가지밖에 없다. 그러니 용기 있는 UCC맨들이여, 전쟁에 임한 이상 져서는 안 된다"라고 강조했다. 리더(장수)의 독려, 강한 무기(제품), 단단한 병사(팀)가 삼박자를 갖추면 전쟁의 승패는 어느 정도 결정된다. UCC엔 이런 창업 정신이 지금까지 이어지고 있다.

대들보에 바퀴를 달아라

오카다 다쿠야
이온 그룹 창업자

> 대들보에 바퀴를 달아라.

일본의 거대 유통기업 이온. 이온의 성장 열쇠는 창업 가문의 가훈에 있었다. 집이나 건물의 경우, 대들보는 무슨 일이 있어도 움직이지 않아야 한다. 그런 대들보에 바퀴를 달라니? 언뜻 이해하기 어렵다.

이 가훈은 극적인 발상의 전환을 담고 있다. 대들보에 바퀴를 달아 움직이게 하라는 것이다. 이온 그룹 창업자 오카다 다쿠야(岡田卓也, 1925년~) 명예회장은 오카다 가문의 가훈에 대해 다음과 같이 말했다.

> 옛날 상점엔 중간에 대들보 기둥이 있었어요. 그 아래에 바퀴를 매달라는 것입니다. 그건 시대(처지)의 변화에 대응하라는 의미입니다. 기업은 과거의 성공을 버리고 늘 자기 변혁을 추구해야 합니다.

오카다 다쿠야는 그런 변화와 혁신 중에서 '버림'의 철학도 강조했다. "새롭게 만들어 내는 것보다 중요한 건 버리는 것이다." 현대 경영학의 아버지 피터 드러커가 말한 "혁신의 열쇠는 버리는 데 있다"라는 메시지와 일맥상통한다.

혁신의 열쇠는 버리는 데 있다

이온 그룹은 포목 가게 오카다야로 출발했다. 에도 시대부터 이 가게를 운영해 온 오카다 가문의 7대 당주가 오카다 다쿠야다. 1925년생으로 100세를 맞은 그는 미에현 태생. 학창 시절의 다쿠야는 시험 성적을 교실에 붙이는 데 반발해 동료와 함께 종이를 찢어 버리거나, 도덕 시험지를 백지로 내는 등 다소 문제아로 성장했다.

부모가 일찍 세상을 떠나면서 23세의 누나 오카다 치즈코가 오카다 포목점의 대표를 맡았다. 당시 그녀는 약혼자가 있었지만, 장남 다쿠야가 제 몫을 할 때까지 결혼을 미뤘다.

전쟁통이던 1945년 6월, 격렬한 공습으로 동네는 잿더미가 되었고, 포목점은 창고만 남고 모두 불타 버렸다. 그런 가게를 지킨 건 누나 치즈코였다. 다쿠야는 1948년 와세다대학 상학부를 졸업하고 나서야 대표를 물려받았다. 그의 누나 치즈코는 이온 그룹의 기반을 닦은 '막후 주역'이었던 셈. 다쿠야는 훗날 "누나 치즈코가 있었기에 지금의 이온이 성장할 수 있었다"고 술회했다.

오카다 다쿠야는 '오카다야' 이미지가 고리타분하다고 느꼈다. 1969년 전통적인 이름을 버리고 소매업체를 흡수합병하는 변화를 가져왔다. 그렇게 탄생한 것이 종합슈퍼 '자스코'다. 초대 사장에 오른 오카다 다쿠야는 자스코 설립 20년이 되던 1989년, 그룹 이름을 이온으로 바꿨다. 이온(AEON)은 라틴어로 '영원'을 의미한다.

오카다 다쿠야는 1984년까지 14년간 경영을 맡았고, 2000년 회장직을 퇴임하고 명예회장으로 물러났다. 그는 제조업 중심인 일본 경제계를 향해 "소매업의 지위를 높여야 한다"라고 늘 목소리를 높였다. 경영 일선에서 물러난 그는 이온환경재단 (1990년 설립) 이사장을 맡아 사회공헌 활동에 전념했다.

비즈니스에 만루 홈런은 없다

후지타 덴
일본 맥도날드 창업자

'긴자의 유대인'으로 불린 비즈니스 리더, 소프트뱅크 손정의 회장이 소년 시절 동경했던 경영자. 일단 이름을 함구하고 더 읊어본다.

1972년 《유대 상법》이라는 책이 일본에서 출간됐다. 16세의 소년 손정의는 이 책을 읽고 감명받아 미국 유학을 결심했다. 그는 당돌하게 책 저자를 만나보고 싶어 했다. 저자는 15분간 면담을 허락했다.

소년 손정의는 "미국에 가는데, 무엇을 공부하고 오면 되나요?"라고 물었다. "앞으로는 컴퓨터가 점점 소형화되고, 사용하는 사람들도 많아지니 컴퓨터를 배우고 와라." 소년은 미국에서 열심히 컴퓨터를 공부했고, 대학 시절 자동 번역기를 만들어 샤프에 팔았다.

약속을 지켜라

이렇게 손정의에게 조언해준 경영자는 누구였을까? 바로 후지타 덴(藤田 田, 1926년~2004년) 일본 맥도날드 창업자다. 이름의 맨 끝 한자 전(田)은 특이하게 '덴'이라고 발음한다. 기독교인이었던 어머니가 옳은 일을 하며 살도록 '입(口)에 십자가(十)를 그려 넣은' 표기법이라고 한다. 후지타 덴이 쓴 책들에는 "'덴'이라고 발음해 주세요"라는 이색 표기가 붙어 있다.

오사카 출신인 후지타는 도쿄대 법학부 재학 중 학비와 생활비를 벌기 위해 통역 아르바이트를 했다. 거기서 유대인들을 만났고, 그들이 대부업으로 호화로운 생활을 하는 것에 놀라게 된다. 그런 후지타는 그들과 깊이 교제하면서 유대인들의 상법을 배웠다. 그러곤 1950년 수입 잡화점 후지타 상점을 열었다. 그에겐 유대인으로부터 신용을 얻게 된 일화가 따라다닌다.

1968년 후지타는 '아메리카 오일'이라는 유대계 회사로부터 나이프와 포크 300만 개를 수주했다. 하지만 기한 내에 제품이 완성되지 않았다. 당초에 예상하던 선박 수송으로는 납품할 수 없었다. 수지가 맞지 않았지만, 그는 당시 3만 달러의 비용을 들여 보잉 707을 전세 냈다. 그렇게 기한 내에 납품했다.

이게 먹혀들었다. 다음 해엔 그 두 배인 600만 개 수주가 들어왔다. 하지만 전년과 마찬가지로 생산이 늦어졌다. 다시 비행기를 전세 냈다. 두 차례 전세 비행으로 후지타는 큰 손해를 봤지만, 결정적으로 유대인들의 마음을 사로잡았다. "저 녀석은 약속을 지키는 일본인이다"라는 소문이 전 세계 유대인에 퍼졌다고 한다. 이를 바탕으로 후지타는 1971년 '일본 맥도날드'를 창업했다.

비즈니스는 이기지 않으면 가치가 없다

후지타 덴이 지은 책으론 《유대 상법》, 《유대교도가 되라》는 유대계 관련 저서 외에 《이기면 관군》이라는 베스트셀러가 있다. 책 제목엔 메이지유신에 대한 약간의 설명이 필요하다.

보신전쟁은 메이지 신(新) 정부군과 구(舊) 도쿠가와 막부군이 벌인 일본 최대의 마지막 내전이다. 원래는 도쿠가와 막부가 지휘하는 막부군이 '관군'이었다. 하지만 보신전쟁에서는 일왕(천황)이 메이지 신 정부군을 '관군'으로 인정했다. 구 막부군은 신 정부군인 관군에 맞서다 적군이라는 오명을 뒤집어썼다.

관군의 입장에서 적군은 '토벌되어야 할 절대 악'이었다. 보신전쟁의 승리로 이뤄진 메이지유신은 전형적인 '승자가 정의, 패자가 부정'이 된 사례다. 승패에 따라 옳고 그름이 정해졌다는 것이다.

이렇듯, 황제는 군대를 가지지 않고 전쟁에서 승리한 쪽을 지지했기에 '이기면 관군, 패하면 적군'이라는 말이 생겼다. 후지타 덴은 '이기면 관군, 패하면 적군'에서 말을 가져와 《이기면 관군》(1996년)이라는 동명의 책을 출간했다.

'성공의 법칙'이라는 부제가 붙은 이 책은 비정하기까지 하다. 후지타 덴은 "비즈니스는 이기지 않으면 가치가 없다. 인생 또한 그렇다"라고 목소리를 높였다. 이기는 것이 목적이며, 세상에서 강한 자가 정의라는 의미까지 담고 있다.

긴 호흡으로 차곡차곡 안타부터 쌓아가라

책에는 '비즈니스에 만루 홈런은 없다'라는 인상적인 글이 있다. 이 말은 후지타 덴의 신조이기도 하다. 만루홈런은 야구에나 있는 것이지, 비즈니스에는 존재하지 않는다고 힘주어 말했다.

> 비즈니스는 어디까지나 한 걸음 전진 또 한 걸음 전진, 자벌레처럼 한 걸음 한 걸음이 더해져 성공에 이르는 것이다. 비즈니스에서 성공하려면 '시간×노력'이 거대한 에너지가 되는 걸 깨닫지 않으면 안 된다.

비즈니스에 '한방'은 없다는 것이다. 만루 홈런이라는 한방을 꿈꾸지 말고, 긴 호흡으로 차곡차곡 안타부터 쌓아가라는 말이다. 아울러 야구든 비즈니스든 요행은 없다. '시간×노력'은 절대적인 필수 요소다.

부정적 마인드를 버려라

이데이 노부유키
소니 전 회장

이데이 노부유키 전 소니 회장은 2022년 6월 2일 간부전으로 별세했다. 향년 85세. 말년까지 그는 벤처기업의 CEO를 맡고 있었다. 퀀텀 리프라는 회사를 설립한 것이 2006년. 대기업 혁신 지원과 벤처기업 육성을 돕는 회사였다. 퀀텀 리프란 원래 양자역학 용어로, 양자 상태의 어떤 상황이 다른 상태로 아주 단시간에 도약하는 것을 말한다.

플랜B를 항상 생각하라

85세의 경영자에게 은퇴란 없었다. 이데이 노부유키(出井伸之, 1937년~2022년)는 "사람은 조직으로부터의 은퇴나 졸업은 있어도, 스스로부터의 은퇴는 없다"라고 했다. 그런 그는 항상 새로운 대안을 갖고 있어야 한다고 말했다.

> 인간은 흥미를 잃어버리면 끝나버리고 맙니다. 역시 인생에 있어서. 플랜B를 항상 생각하고 있어야 합니다.

소니는 모리타 아키오와 이부카 마사루가 공동으로 세운 가전 기업으로, 출범 당시는 벤처회사였다. 두 사람은 태평양전쟁 막바지 해군 병기 개발팀에서 처음 만나 의기투합했다. sound와 sonic의 어원인 라틴어 소누스(sonus)와 '꼬마'를 뜻하는 영어 서니(sonny)를 접목해 소니라는 브랜드명을 만들어 냈다.

와세다대학 정경학부 출신의 청년 이데이 노부유키가 소니에 입사한 건 1960년이다. 그는 "제가 대학을 졸업한 1960년 소니는 매출 100억엔 정도의 벤처기업이었다"라며 "그 후 소니는 바로 J커브 성장곡선을 그리며 2000년대 초반에는 매출

7조 엔을 넘어서는 성장을 이루었다"라고 말했다.

소니 입사 후 스위스 유학과 '소니 프랑스' 설립에 관여했던 이데이 노부유키는 오디오 사업 본부장, 홈 비디오 사업 본부장을 거쳐 1995년 대표이사로 취임했다. 최고경영자에 오른 그는 훗날 프랑스에서 경험한 개인적 일화 하나를 소개했다. 프랑스 지인의 조언이었다.

가능한 한 긍정적으로 말하라

> 프랑스에 주재했을 때, 프랑스 친구로부터 이런 말을 들었습니다. '너는 왜 그렇게 부정적인 말만 하는 거야. 다른 사람과 대화할 때는 모두 긍정적으로 말하는 편이 좋아. 너처럼 부정적이면 상대가 싫어할 거야.' 그런 말을 듣고 귀가 번쩍 뜨였습니다. 그 이후 무슨 말을 하더라도 가능한 한 긍정적인 말을 하려고 유의했습니다.

이데이 노부유키는 사장에 취임하기 전, 미국 시찰 후 돌아와 회사에 애플 인수를 제안하기도 했다. 1995년부터 2005년까지 소니를 이끌었던 이데이 노부유키는 '제2 창업기'를 연 카리스마 경영자였다. 사장에 취임한 지 2년 만에 실적(영업이익)이 50% 증가하면서 V자 회복을 이루는 등 사원들에게도 인기가 대단했다. 소니에 평사원으로 입사해 회장까지 오른 입지전적인 인물 이데이는 '소니 쇼크' 2년 후인 2005년 3월 7일 사임을 발표했다.

'소니 쇼크'란 2003년 4월 도쿄증시에서 소니 주가가 30% 가까이 폭락한 일을 말한다. 이데이 노부유키 당시 회장은 "소니 쇼크는 우리에게도 쇼크였다"며 책임을 전가하는 발언을 꺼내 사퇴론을 불러일으킨 바 있다. '메이드 인 재팬' 보다 '메이드 인 소니'가 더 빛을 발하던 시절이 주춤해지면서 그 이후 소니는 혹독한 구조조정 과정을 겪었다.

항상 발밑을 살펴라

미야우치 요시히코
오릭스 전 회장

1960년대 일본에 '리스'라는 개념은 없었다. 미국 선진 리스 시장에 주목해 '오리엔트 리스'(현재의 오릭스, ORIX)라는 회사가 만들어진 건 1964년이다. 직원 13명은 미국의 노하우를 배우기 위해 US리스로 연수를 떠났다. 이중엔 훗날 오릭스 사장이 되는 미야우치 요시히코도 있었다.

미국에서 MBA(워싱턴대 대학원)를 공부했던 미야우치 요시히코(宮內義彦, 1935년~)는 글로벌 관련 일을 하고 싶어서 처음에는 상사에 취직했다. 4년 뒤, 그는 신설된 오리엔트 리스에 파견 직원으로 선발되었다. 미국 연수 13명 중 막내였다. 이들 연수를 바탕으로 상사 3곳과 은행 5곳이 연합해서 현재의 오릭스가 만들어졌다.

사실, 오릭스라는 이름은 한국 사람에게 친숙하다. 한국의 이승엽과 이대호 선수가 뛴 일본 프로야구 구단이며, 은퇴한 스타 선수 스즈키 이치로의 친정팀이기도 하다. 1992년 오릭스 블루웨이브(현 오릭스 버팔로스)에 입단한 이치로는 2001년 메이저리그로 진출하기 전까지 아홉 시즌을 오릭스에서 뛰었다.

오릭스 구단주였던 미야우치 요시히코는 일본 재계에서 '야구 경영자'로 알려져 있다. 소년 시절부터 야구를 좋아했던 그는 환갑이 넘어 동네 야구에서 투수를 맡을 정도였다. 그런 그는 야구와 회사가 다르지 않다고 봤다. 조직력 말이다.

그는 이치로를 언급하면서 "프로야구를 봐도 이치로 선수가 오릭스에서 뛴 1992년부터 2000년 사이에 리그 우승은 단 두 번이었다. 특출난 선수가 있어도 팀이 강해야 계속 승리할 수 있다"고 했다.

한곳에 머물러 있는 것이 가장 위험하다

오릭스 성장의 장점은 스피드에 있었다. 작은 리스업체에 불과했지만, 발이 빨랐다. 1970년대 들어 리스업계 경쟁이 심해지자 서둘러 사업 다각화를 추진했다. 현재는 리스를 넘어 부동산, 생명보험, 금융, 벤처캐피탈, 자동차까지 영역을 확장했다.

해외 진출 역시 빨랐다. 1971년 홍콩에 첫 법인을 설립했다. 이를 시작으로 1972년 싱가포르, 1973년 말레이시아, 1975년 한국과 인도네시아, 1977년 필리핀, 1978년 태국 등 연이어 법인을 확장했다. 이런 확장세 속에서 미야우치 요시히코는 1980년 오릭스 사장에 취임했다. 한큐로부터 프로야구 구단을 인수하면서 회사 이름도 1989년 리스를 떼고 오릭스로 바꿨다.

오릭스의 스피드 경영은 자주 입에 오르내린다. 미야우치 요시히코는 "'시대의 변화를 어떻게 읽을까?'라는 말이 나올 때 사례로 자주 인용되는 것이 오릭스의 부동산 사업"이라고 했다.

사업 확장에 민첩했던 오릭스는 반대로 철수도 빨랐다. 버블 붕괴가 일어나던 무렵, 오릭스는 부동산 투자에서 남들보다 한 발 먼저 발을 뺐다. 타이밍이 빨랐던 만큼 손실도 적었다. '경영 내상'을 덜 입은 것이다.

이런 경험을 겪은 미야우치 요시히코는 "시대 변화를 빠르게 감지하고, 기민하게 행동하며, 타사에 앞서가는 것이 중요하다"라고 역설했다. 그러면서도 정작 그가 힘주어 말했던 어록이 있다.

> 항상 발밑을 살피세요. '과연 이대로 계속 달리는 것이 좋은가? 어딘가에 함정은 없는가?'라는 위기감을 가지고 스스로 행동을 냉정하게 판단하는 '사려 깊음'이 필요합니다.

리스크는 멀리 있지 않고 가까이 있다는 것이다. 주위(발밑)에 도사리고 있는 폭탄을 빨리 찾아내 뇌관을 제거하는 게 경영의 급선무라고 그는 봤다. 그는 또 오릭스의 사업 다각화를 예로 들며 "한곳에 머물러 있는 것이 가장 위험하다"라고 강조했다. 33년 동안 사장을 지냈던 미야우치 요시히코는 2014년 회장 겸 CEO에서 물러났다.

0.5% 법칙이 성공을 가른다

미키타니 히로시
라쿠텐 창업자

일본 경영자 등 비즈니스맨들 사이에 '미키타니 곡선'이라는 법칙이 한때 유명했다. 이 법칙은 라쿠텐(Rakuten) 창업자 미키타니 히로시(三木谷浩史, 1965년~) 회장의 저서 《성공의 법칙 92개조》에 나오는 경영철학이다. 미키타니는 "성공 여부는 행운이나 우연이 결정하는 것이 아니라 그 나름의 법칙이 있다"라며 미키타니 곡선을 소개했다. 간단히 말하면, 노력의 중요성을 도식화한 곡선이다.

마지막 노력을 게을리하면 결과는 없다

사람들은 대개 성과가 나면 80~90% 선에서 노력을 그만두는데, 거기까지는 모두가 하는 일이기에 큰 차이가 나지 않는다고 한다. 미키타니 회장은 여기서 한 걸음 더 나아가야 한다고 조언한다. 무리라고 할 정도로 힘을 내서 "마지막 0.5%의 노력을 기울이면 성과에서 큰 차이를 낳는다"라는 것이다. 반대로 말하면, 마지막 0.5%의 노력을 게을리하면 대단한 결과는 없다는 것이다.

잠시 일본 파나소닉(마쓰시타전기의 후신) 창업자이자 '경영의 신'으로 불렸던 마쓰시타 고노스케 얘기. 그는 생전 "성공의 비결은 하나뿐"이라며 "성공할 때까지 계속하면 성공이 되지만, 실패한 상태에서 그만두면 실패가 된다"라고 했다.

마쓰시타 고노스케의 이 말을 가장 알기 쉽게 도식화한 것이 '미키타니 곡선'인 셈이다. '투입량' 0.5%의 차이가 아웃풋에서 엄청난 차이를 가져온다는 미키타니 곡선, 독자들도 수긍이 될 것이다.

미키타니 곡선이 허투루 들리지 않는 이유가 있다. 미키타니의 아버지가 유명 경제학자였던 것. 아버지 미키타니 료이치는 고베대학 명예교수와 일본금융학회장을 지낸 인물이다.

라쿠텐은 영어를 사내 공식 언어로 택한 회사로도 유명하다. 그래서 미키타니 회장의 경영 방식을 두고 찬반 의견이 갈린다. 영어 공용화는 글로벌 경쟁력 강화 차원이지만, 직원에게 과도한 부담을 준다는 지적이 있기 때문이다.

히토츠바시대학 상학부를 졸업한 미키타니는 일본흥업은행(현 미즈호은행)에 들어갔고, 1993년 하버드경영대학원을 수료하고 귀국하여 1997년 라쿠텐을 설립했다. 라쿠텐 그룹은 이커머스, 핀테크, 통신업, 스포츠 비즈니스(프로야구 도호쿠 라쿠텐 골든이글스, 프로축구 빗셀 고베 운영) 등 다양한 분야에서 서비스를 제공하고 있다.

도전하는 마음을 잃으면, 일의 기쁨도 사라진다

미키타니 회장의 스타일과 관련해, 그가 창업 이래 줄곧 유지하고 있는 일이 하나 있다. 일주일에 전 직원이 참여하는 '아침 조회'다. 정보 공유의 모임이면서 소통의 자리이기도 하다. 코로나 사태에도 이 '아침 조회'만은 계속되었다. 임원들이 재택 근무 중인 직원들을 원격으로 소집해 체조와 좌선 등을 한다는 것이다.

그런 미키타니 회장은 일을 엔터테인먼트로 규정하면서 "비즈니스에서 성공의 열쇠는 결국엔 '일을 인생 최대의 '놀이'로 하느냐? 그렇지 않느냐?'에 달려있다"라고 강조했다. 그는 또 "도전하는 마음을 잃으면, 일의 기쁨 대부분은 사라진다"라고도 했다.

4장 안목

眼目

안목은
바둑판 위에서 몇 수 앞을 내다보는
고수의 눈과 같다.

초보자는 눈앞의 돌 하나에 집착하지만, 고수는 돌 하나가 열어줄 흐름과 판 전체의 균형을 읽는다. 지금의 한 수가 몇 수 뒤 어떤 형세를 만들고, 결국 승부를 어디로 이끌지 내다보는 힘, 숨어 있는 본질을 꿰뚫는 통찰, 그것이 바로 안목이다. 리더도 다르지 않다. 단기 성과만 좇으면 작은 '집'밖에 얻지 못한다. 반대로 손해를 감수하더라도 장기 전략을 본다면, 판 전체를 이끌어 올 수 있다.

모난 돌이 되어라

호리바 마사오
호리바제작소 창업자

> 모난 돌이 정 맞는다고? 차라리 모난 돌(직원)이 되어라!

일본의 괴짜 경영자 호리바 마사오(堀場雅夫, 1924년~2015년)가 상식적인 세계에 비상식적으로 내던진 말이다. 호리바 마사오는 일본 벤처기업의 선구자로 불린다. 대학 시절 벤처회사를 만들어 훗날 호리바제작소라는 계측 분야 선두 기업을 일군 카리스마 경영자였다.

그는 경영철학, 사고방식, 스타일에서 일본의 여느 경영자들과는 달랐다. 91세를 일기로 세상을 떠나기 전까지 '하얀 꽁지머리'를 트레이드마크로 삼았다. 벤처기업가답게 자유로우면서도 튀는 옷을 선호했고, 늘 장난기 가득한 얼굴에 활기가 넘쳤다.

특히 그의 경영 어록은 거의 독설에 가까웠다. 달리 말하면, 역발상의 대가였다.《일 잘하는 사람 일 못 하는 사람》,《싫으면 관둬라!》,《모난 돌이 되어라!》등 비즈니스맨들에게 상당한 영향을 준 경영서가 즐비하다.

색깔을 더 드러내 존재감을 알려라

'모난 돌이 정 맞는다'라는 건 직장문화의 보수성을 대변하는 대표적인 말이기도 하다. 다른 직원보다 더 튀려고 하거나, 더 잘난 체하거나, 더 독단적인 행동을 할 경우, 대개 보수적인 직장에선 곧바로 태클이 들어오기 마련이다.

더군다나 일본의 직장문화는 한국보다 훨씬 보수적인 것으로 알려져 있다. 주요 대기업 경영자들의 경영철학 또한 비슷한 경향을 띤다. 하지만 상대적으로 덩치가 가벼운 벤처기업의 경우는 그런 보수성을 유지할 필요가 없다. 오히려 벤처만의 색깔을 더 드러내 존재감을 알리는 게 중요하다.

호리바 마사오 역시 그런 전략을 택했다. 그는 거기서 더 나아갔다. 훨씬 더 튀었고, 훨씬 더 '모났다'. 그의 벤처 특성을 잘 드러낸 책이 《모난 돌이 되어라!》이다. 리츠메이칸대학 경영학부 모리야 타카시 교수는 호리바 마사오의 이런 스타일과 관련해 "호리바 마사오의 비즈니스 서적이 인기를 끈 비결은 '역설의 진리'에 있다"라고 평가했다. 그는 왜 '모난 돌(직원)'이 되라'고 했을까?

> 일찍이 내 뜻을 거슬러 마음대로 신제품 개발을 추진한 직원이 있었다. 그는 호흡을 측정하고 심폐 기능을 검사하는 의료기술을 응용하여, 자동차 배기가스를 측정하는 기계 연구를 무단으로 실시했다. 그 연구는 통산성(경제산업성)이 우리 회사에 타진해 왔는데, 내가 딱 잘라 거절한 과제였다. 그래서 내가 격노해 시말서를 쓰라고 했더니 그 직원은 '화내지 마십시오. 몇 대가 팔리고 있습니다'라며 반박했다. 이 '모난 돌' 같은 인재가 개발한 배기가스 측정기는 그 후 우리 회사 매출의 절반을 차지하는 주력 상품이 되었다. 회사에 필요한 것은 이런 '모난 돌'이다. 그는 나중에 내 뒤를 이어 호리바제작소의 사장이 되었다.

호리바 마사오는 카리스마 스타일의 원맨 경영자였지만, 스스로 내뱉은 약속을 지켰다. '사장 50대 정년'이다.

> 장기 집권하면 추종자들이 생깁니다. 하물며 창업자인 내게 '그만두면 어떻겠느냐'고 의향을 묻는 사람은 없었습니다. 그래서 '원맨 사장'의 목을 자르는 것은 나 자신밖에 없다고 확신하게 된 겁니다.

재미있고 즐겁게, 하고 싶은 것을 하라

원맨 사장의 폐해를 걱정했던 그는 1978년 53세 때 사장에서 퇴임, 회장으로 깨끗하게 물러났다. 3년이 더 지체된 건 당시 오일쇼크 때문이었다. 그는 은퇴 후엔 최고 고문으로 일했다.

모노즈쿠리를 강조하는 교토기업 호리바제작소는 전후 일본에서 최초로 성공한 벤처기업이다. 분석 계측(자동차, 환경 프로세스, 의료용, 반도체) 시장을 선도하고 있으며, 특히 "자동차 배기가스 측정기 부문은 세계 시장 80%를 점유하고 있다"라고 밝히고 있다.

1924년 교토에서 태어난 호리바 마사오는 교토대학 물리학과 재학 중 작은 상가에 '호리바 무선연구소'를 창업했다(1945년 10월). 일본 최초로 유리 전극식 산성도 측정기를 개발하면서 성장의 발판을 키웠다. 1953년 주식회사로 전환하면서 현재의 '호리바제작소'가 되었다.

호리바 마사오는 물리학도였지만 학문 열정이 대단했다. 의학 공부에 도전해 1961년 의학박사 학위까지 받았다. 당시 쓴 혈액 분석 박사학위 논문은 제품 구상으로 이어졌다. 1997년엔 '블랙 잭 프로젝트'라는 독특한 제도를 통해 업무 효율성, 비용 절감, 인재 육성, 조직력 강화를 이뤄냈다.

호리바제작소는 직원들을 '호리비안'으로 부른다. 회사의 자율성과 창의성이 가장 잘 드러난 게 바로 사훈이다. 호리바 마사오는 '재미있고 즐겁게(Joy and Fun)'라는 독특한 사훈을 내걸고 즐거운 직장을 지향했고, 그의 사후에도 그 사훈은 변함없이 이어지고 있다.

이런 호리바 마사오는 2015년 7월, 간세포암으로 별세했다. 당시 91세. 호리바제작소는 2003년 '호리바 마사오상'을 제정해 계측 기술 분야에서 탁월한 업적을 낸 국내외 연구자와 단체에게 수여하고 있다.

인생은 한 번뿐입니다. 그러니 자신이 하고 싶은 것을 하십시오. 당신은 어쩌면 내일 죽을지도 모릅니다. 그래서 지금, 이 순간을 즐겁게 사세요.

매의 눈을 가져라

오하라 마고사부로
구라시키방적 전 사장

오카야마현의 구라시키는 일본에서 '노동과학'이 태동한 곳이다. 이 지역 명망가이자 기업가였던 구라시키방적의 전 사장 오하라 마고사부로(大原孫三郎, 1880년~1943년)의 시대를 앞선 신념 덕이다. 그의 노동 개혁적 발상은 '오하라기념노동과학연구소' 설립으로 이어진다.

100년 역사가 넘는 이 연구소를 연 오하라 마고사부로는 일본에서는 '원조 CSR형 경영자'로 평가받고 있다. CSR(Corporate Social Responsibility)은 기업의 사회적 책임을 의미한다. 일본 최초의 서양미술관 '오하라미술관(1930년 개관)'을 세상에 남긴 이도 오하라 마고사부로였다.

시대를 앞서가는 가치관

경제소설의 개척자 시로야마 사부로가 《매의 눈은 10년 앞을 본다》라는 제목의 기업인 평전을 내놓은 건 1994년이다. 평전의 주인공은 오하라 마고사부로. 당시 책의 서평 내용이다.

> 나막신과 신발을 한쪽 씩 신고, 그 남자는 두 갈래의 길을 동시에 걸었다. 지방의 한 방적 회사를 최고의 대기업으로 성장시킨 경영자의 길과 사회에서 얻은 자산은 모두 사회에 돌려준다는 신념의 길이다.

오하라 마고사부로는 기업가와 사회복지가(또는 노동개혁가), 두 길을 함께 걸었다. 그는 영리사업과 사회복지 사업을 동시에 하는 자신에 대해 "나막신과 신발을 함께 신었다"라고 술회했다.

오하라는 오카야마현 구라시키 출신이다. 구라시키방적(현 KURABO)을 세운 창업자의 아들이다. 구라시키는 메이지 시대 이전부터 도쿄(에도)로 산물들을 보내던 집산지로 유명했다. 특히 금융, 무역, 방직 산업이 발달했다. 오하라는 스물여섯 나이에 아버지 사업을 이어받아 구라시키방적 2대 사장에 오른다. 사장 취임 후 대공황 등 심각한 불황의 파도에도 사업 다각화와 직원들 환경 개선책들을 내놓았다.

그런 오하라의 삶에 결정적인 영향을 준 인물이 있었다. '아동복지의 아버지'로 불리는 이시이 쥬지. 그는 의사 일을 포기하고 기독교 신앙에 뿌리를 둔 오카야마 고아원을 설립해 평생을 고아 구제에 바쳤다.

젊은 오하라 마고사부로는 고아 구제모금을 호소하던 이시이 쥬지의 연설에 매료돼 사회복지에 눈을 뜨게 된다. 일본 민간 싱크탱크 PHP종합연구소에 따르면, 당시 오하라 사장은 시대를 앞서가는 가치관을 가졌다.

> 오하라는 이익이 나더라도 주주들에게 배당지급이나 임원 상여금으로 돌리지 않고, 오히려 그들의 지급액을 줄여 사회사업과 사내 복지에 투자했다. 종업원 대우를 우선하는 그런 방침은 당연히 사내외에서 반발을 가져왔다. 그때마다 오하라는 '매의 눈은 10년 앞을 본다'라는 말로 주위를 설득했다.

기업은 자본과 노동의 합동 작업장이다

'매의 눈'은 기업 활동에서의 안목과 선견지명을 의미한다. 오하라 사장의 노동관에 대한 전문가 평가를 좀 더 들여다보자.

> 오하라는 기업이라는 건 자본과 노동의 합동 작업장이라고 주장했다. 또 자본가와 노동자 사이에 우열은 없다고 생각했다. 1917년 공장장 회의에서 '직원들을 생산 도구로 사용하는 것은 잘못된 생각이다. 일하러 오는 사람도, 경영하는 자본가도 쌍방이 치우치지 않는 이익을 추구한다면 노사협조가 가능하지 않겠는가'라고 했다. 이런 노동 이상주의는 전례를 찾아볼 수 없었다.

기업이익 극대화를 위해 노동자의 가치가 무시되던 시대, 오하라의 획기적인 노동 개혁적 생각은 '구라시키노동과학연구소' 설립으로 이어진다. 지금으로부터 100년이 훌쩍 넘은 1921년 7월의 일이었다.

이 연구소는 1937년 일본학술진흥회에 기탁되면서 재단법인 '노동과학연구소'로 명칭을 변경한다. 이후 1945년엔 문부

성 소관의 재단법인으로 재출발한다. 세월이 지나 2015년엔 공익재단법인 '오하라기념노동과학연구소'로 명칭을 다시 변경해 현재에 이르고 있다.

이 연구소는 각종 사업장의 노동 상황, 노동자의 건강, 후생 등 사회복지 향상에 관한 연구 조사를 실시한다. 오하라 마고사부로는 이외에 오하라농업연구소(1914년), 오하라사회문제연구소(1919년) 등 다양한 연구소를 설립했다.

사회복지에 열성적이었던 오하라 마고사부로는 사업에서도 수완을 발휘했다. 1920년대 섬유회사 구라시키방적은 '인조섬유 국산화'에 나서면서 전국적인 규모의 회사로 급성장했다. 이를 바탕으로 오하라는 방적 회사 외에 은행, 전력 회사 사장을 겸하면서 오하라 재벌을 일궈 나갔다.

오하라가 후세에 남긴 '진가'는 미술품 수집으로 빛을 발했다. 그는 같은 고향의 화가 코지마 토라지로의 재능을 알아보고 도쿄미술학교에서 공부하도록 지원했다. 5년간의 유럽 유학도 주선했다. 오하라는 그런 코지마를 통해 서양의 유명 미술작품을 사들였다.

그렇게 1930년 탄생한 게 일본 최초의 서양미술관 오하라미술관(오카야마현 구라시키 소재)이다. 오하라미술관은 모네, 피카

소 등 유명 작가들의 작품을 많이 보유하고 있는데, 대부분은 작가들이 유명해지기 전에 사 모은 작품들이다.

유익한 섬유 재료를 만드는 구라시키방적(현 KURABO), 노동자들의 가치를 연구하는 오하라기념노동과학연구소, 사람들에게 예술감상 기회를 제공하는 오하라미술관. 이 모든 것들이 시대를 앞선 오하라 마고사부로의 머리와 손과 발에서 탄생했다. 거기에 더 중요한 '매의 눈'이 보태졌다.

사소한 것을 소홀히 하지 마라

마쓰시타 고노스케
파나소닉 창업자

2020년 10월 타계한 삼성 이건희 전 회장은 '경영의 신'이라 불리던 마쓰시타전기(지금의 파나소닉) 창업가 마쓰시타 고노스케(松下幸之助, 1894년~1989년)를 존경했다고 한다.

  1951년(당시 56세) 어느 날, 고노스케는 미국 가전업계 시찰을 마치고 귀국길에 올랐다. 그는 비행기 트랩을 내려오면서 "앞으로는 디자인의 시대야!"라고 중얼거렸다고 한다. 미국 방문에서 디자인의 중요성을 실감한 고노스케는 곧바로 회사 내에 디자인(제품의장과) 부서를 만들었다. 당시 업계로서는 최초였다.

디자인의 시대가 온다

이건희 전 회장은 1989년 기업 디자인 전문가 후쿠다 타미오를 삼성전자 디자인 고문으로 영입했다. 이 회장이 직접 나서서 데려온 인물이다. 후쿠다는 1993년 이건희에게 "삼성의 디자인 수준은 한마디로 수준 이하"라며 '경영과 디자인'이라는 제목의 이른바 '후쿠다 보고서'를 전달했다. 이 보고서는 이건희 회장이 프랑크푸르트에서 신경영 선언('마누라와 자식 빼고 다 바꿔야 한다')을 발표하는 촉매제가 됐다.

두 사례로 보면, 마쓰시타 고노스케와 이건희 회장은 종전까지 사소한 것으로 여겨졌던 제품 디자인의 중요성을 깨달았다는 공통점을 갖고 있다.

마쓰시타 고노스케가 다니던 회사 '오사카전등'을 그만두고 독립해 '마쓰시타 전기기구 제작소'를 설립한 건 1917년이다. 직원은 아내와 처남 이우에 도시오, 달랑 세 사람이었다. 이듬해인 1918년 3월 오사카의 2층집을 월세로 빌려 '마쓰시타 전기'라는 간판을 달았다. 이날을 기점으로 창업 90년을 맞은 2008년 회사명을 파나소닉으로 바꿨다.

마쓰시타전기가 오사카에서 만든 개량형 전기 소켓이 히트

치자 도쿄로 사업 영역을 넓혔다. 마쓰시타는 처남을 도쿄에 상주시키면서 도쿄 시장 개척에 나섰다. 처남 이우에 도시오는 훗날 독립해 일본 가전업계에서 이름을 날렸던 산요전기를 창업했다.

마쓰시타 고노스케는 외동딸 하나만 뒀다. 그래서 경영은 데릴사위 양자인 히라타 마사하루가 바통을 이어받았다. 히라타 마사하루는 양자가 되면서 '마쓰시타 마사하루'가 되었다.

성공은 사소한 것을 소홀히 하지 않는 것

이후 고노스케는 회장(1977년)으로 물러나면서 창업가의 일원으로 경영에 직간접적인 영향력을 발휘했다. 그러다 1989년 4월 27일 94세를 일기로 세상을 떠났다. 그는 생전에 사위를 두고 "가능한 한 빨리 경영에서 손을 떼라"고 주문하기도 했다.

'경영의 신'으로 존경받던 고노스케는 많은 경영서와 수많은 어록을 남겼다. 1950년대 일본에서 가장 먼저 디자인의 미래를 간파했던 그다. 그 사소했던 디자인이 이젠 기술보다 우위에 있는 '디자인의 시대'가 되었다.

고노스케는 이와 관련해 "사소한 것을 소홀히 하지 않는 마음가짐이 인생(사업)을 큰 성공으로 이끈다"라고 조언했다.

가격을 보지 말고 가치를 보라

후쿠하라 요시하루
시세이도 전 회장

일본의 세계적 화장품 브랜드 시세이도(Shiseido)를 글로벌 기업으로 키운 건 후쿠하라 요시하루(福原義春, 1931년~2023년) 전 회장이다. 그는 시세이도 창업자 후쿠하라 아리노부의 손자로, 10년간(1987년~1997년) 사장을 지냈다.

'시세이도(資生堂)'의 회사명은 중국 고전 《역경》에 나오는 '지재곤원 만물자생'(至哉坤元 萬物資生)이라는 구절에서 따왔다. "만물 생성의 근원인 자연에서 새로운 가치를 창조하고 개발하여 인간을 아름다움의 세계로 인도한다"라는 뜻을 담고 있다. 창업주 후쿠하라 아리노부의 동양사상을 알 수 있는 대목이다.

치바현 출신인 후쿠하라 아리노부는 지금의 도쿄대 의학부에서 서양 약학을 공부한 후 해군병원 약국장을 지냈다. 23세 (1872년) 때 사임하고 민간 최초의 서양 조제약국인 자생당을 도쿄 긴자에 열었다. 1897년 화장수를 출시하고, 1917년에는 화장품부를 독립시켜 오늘날의 시세이도 토대를 마련했다.

후쿠하라 아리노부에 이어 사업을 맡은 이가 그의 3남인 후쿠하라 신조 초대 사장이다. 치바대학 의학부를 졸업하고 미국의 콜롬비아대 약학부에서 공부한 신조는 귀국 후 큰형과 함께 시세이도를 경영했다.

중학교 시절 화가의 꿈을 키웠지만, 아버지의 희망대로 약학을 공부한 후쿠하라 신조는 1915년 회사의 심벌마크인 동백을 직접 디자인했다. 그는 《사진예술》이라는 잡지를 창간하는 등 사진가로도 활동했으며, '일본 사진회'를 결성해 회장을 맡기도 했다.

비즈니스엔 '좋은 눈'을 가져야 한다

이야기를 후쿠하라 요시하루로 옮겨본다. 시세이도 중흥의 중심엔 창업주 후쿠하라 아리노부의 손자인 요시하루가 있었다. 그는 아리노부의 다섯 번째 아들의 장남이다. 게이오대 경제학부 졸업 후 시세이도에 입사한 요시하루는 미국법인 사장, 상품개발부장 등을 거쳐 1987년 10대 사장에 취임했다. 10년간 사장직에 있으면서 시세이도를 탄탄한 기반 위에 올려놓았다.

2001년 명예회장으로 물러난 그는 도쿄도 사진미술관 관장, 문자활자문화추진기구 회장, 기업 메세나협의회 회장 등을 지낸 '문화인 경영자'였다. 단독 저서 20여 권과 공동 편저 30여 권 등 상당수의 책을 낸 출판인이기도 하다.

후쿠하라 요시하루는 겉으로 드러난 '가격'을 보지 말고 숨어 있는 '가치'를 보라고 역설했다.

| 가격은 보이지만 가치는 보이는 사람밖에 보이지 않는다. |

가격과 가치는 마치 뫼비우스의 띠 같은 것이다. 그러니 가치와 가격의 관계를 혼동하는 시대가 아닌가. 단언컨대 사람의 가치, 제품의 가치, 기업의 가치를 제대로 볼 수 있는 이는 많지 않을 것이다.

심지어 눈에 보이지 않는 가치를 꿰뚫어 볼 수 있는 이는 더 극소수이기 마련이다. 가치가 아닌, 가격만 보는 눈은 결코 좋은 눈이 아닐 터. 비즈니스엔 '좋은 눈'을 가져야 한다는 게 요시하루의 조언이다.

  사람이든, 기업이든 그 가치의 척도는 '신용(신뢰) 총량'으로 결정될 수밖에 없다. 다른 사람(또는 기업)의 가치를 잘 읽는 것도 중요하지만, 스스로 신용을 쌓고 신뢰를 주는 일도 그 이상으로 중요하다.

리더는 심리학자가 돼야 한다

이토 겐스케
교세라 전 회장

이토 겐스케(伊藤謙介, 1937년~)는 고졸 출신으로 교세라(교토세라믹)의 사장(3대 사장), 회장을 지냈다. 그는 교세라 창업주 이나모리 가즈오의 창업 정신을 가장 잘 계승한 경영자라는 평가를 받고 있다.

이나모리 가즈오와 이토 겐스케는 교세라 창업 전 쇼우후우 공업이라는 회사의 상사와 부하 사이였다. 오카야마현의 고교를 졸업하고 쇼우후우에 입사한 이토 겐스케는 일하면서 대학에 진학했지만 중퇴하고 교세라 창업에 참여했다.

창업 멤버인 그가 3대 사장에 취임한 건 1989년 6월이다. 그가 10년간의 사장 재임(1989년~1999년) 중 가장 신경 쓴 건 창업자 정신 계승이었다.

모든 걸 한꺼번에 바꾸려 하지 마라

> 제가 느낀 바는 창업자의 이념을 계승하지 않을 경우, 경영 부진에 빠지는 기업이 많다는 겁니다. 그래서 저는 '창업자의 방식을 바로 부정하거나 바꾸지 말고, 우선은 수파리(守破離)의 수(守)로 나아가라'라고 말하고 싶습니다.

수파리(守破離)는 원래 불교에서 나온 용어다. 하지만 스승에게 무술이나 검술 비법을 전수받는 과정을 의미할 때가 많다. 수(守)는 스승의 가르침을 충실히 몸에 익히는 단계, 파(破)는 스스로 깨치고 바꾸어나가는 파괴의 단계, 리(離)는 자기만의 것을 새롭게 창조하고 떠나는 단계다.

이토 겐스케가 하고자 하는 말은 뭘까? 창업자의 경영 스타일과 철학이 마음에 들지 않더라도, 그 후임자가 한꺼번에 모든 걸 바꿔서는 안 된다는 것이다. 수(守) → 파(破) → 리(離)의 단계를 차근차근 밟아가야 한다는 얘기다. 전임자의 경험과 노하우가 중요하기 때문이다.

보이지 않는 부분을 충실히 하라

이토 겐스케는 호화 유람선 타이타닉호의 침몰을 빗댄 '논 타이타닉(Non-Titanic) 경영'의 주창자이기도 하다. 이 또한 창업주 이나모리 가즈오에게 배운 경영이념이다. 그에 따르면 회사는 표면적인 실적 수치만으로 측정해서는 안 되며, 수면 아래에 있는 경영철학이나 이념, 생각 등이 중요하다는 것이다. 이토 겐스케는 '논 타이타닉 경영'에 대해 이렇게 말했다.

> 빙산은 8할 정도가 물 밑에 가라앉아 있습니다. 타이타닉호 선장은 갑자기 해상에 나타난 빙산 하나만 보고 황급히 방향을 틀었습니다. 거대한 빙산이 수면 아래에 숨어 있는데 말이죠. 경영도 마찬가지입니다. 사람들의 눈에는 물 위에 뜬 것, 즉 보이는 것밖에 보이지 않습니다. 표면상의 실적(숫자)입니다. 하지만 회사에는 물 밑에 경영철학이나 이념, 열정, 생각, 꿈 같은 것들이 있습니다. 그 보이지 않는

> 부분을 충실히 해야만 수면 위에 떠 있는 부분도 함께 충실해집니다. 이걸 나는 '논 타이타닉 경영'이라 부릅니다.

이토 겐스케는 이런 '물 밑에 있는 것들'을 읽어내기 위해 "리더는 심리학자가 되어야 한다"라고 강조했다.

> 리더는 심리학자가 되지 않으면 안 됩니다. 직원의 마음이 어디에 있는지, 어떻게 하면 직원들에게 활력을 갖고 일하게 할 수 있을지, 심리학자가 아니라면 이뤄낼 수 없습니다.

이처럼 창업주 이나모리 가즈오의 창업 정신을 잘 계승한 이토 겐스케는 최장수 사장(10년)을 포함해 16년간 사장, 회장, 고문 자리에 있었다. 2015년 현역에서 퇴임한 그는 강연 등에 전념하고 있으며, 경영철학을 담은 책으로는 《리더의 혼》, 《꺾이지 않는 힘》 《마음에 부는 바람》 등이 있다.

상대의 발밑을 비춰주라

사카마키 히사시
캐논전자 전 회장

카메라 메이커의 대명사 캐논전자의 사카마키 히사시 전 회장은 '랜턴 이론'에 주목했다. 그는 "상대의 발밑을 비추는 사람이 출세한다"라고 힘주어 말했다. 여기서 '발밑'은 상대자나 부하직원들이 처한 상황을 말한다. 한마디로 상대(또는 부하직원)의 마음을 읽어주는 일이 무엇보다 중요하다는 것이다. 캐논전자는 '승진을 위한 9가지 조건'이 있다. 그 중 '사원의 노력을 도와야 한다'라는 항목이 있다. 이는 '상대의 발밑을 비추는 사람'을 의미한다.

나는 지금까지 부하직원들을 대할 때 걱정하는 마음을 가지려고 노력해 왔습니다. 기본적으로 칭찬하고 자신감을 줍니다. 괴롭히는 말은 필요하지 않습니다. 그들의 단점을 고쳐주기보다는 장점을 늘리게 하는 일이 더 빠릅니다. 부하가 쓸쓸한 모습을 보이고 있으면 일단 신경을 써주는 것이 좋습니다. 그런 마음을 읽을 수 없으면 좋은 관리자가 될 수 없습니다. 이를테면 어두워지면(어려운 상황에 처한) 상대의 발밑을 랜턴으로 비춰주는 관리자가 출세합니다.

사카마키 히사시(酒卷 久, 1940년~) 전 회장은 적자가 계속되던 캐논전자를 고수익 기업으로 바꾼 경영자다. 2009년부터 '우주'라는 새로운 사업 분야에 도전하기 시작했다. 그런 캐논전자는 2017년 6월 소형위성 CE-SAT-Ⅰ(Canon Electric Satellite 1)을 쏘아 올려 궤도 진입에 성공했다. 캐논전자의 광학 기술을 위성 개발에 활용하는 것이다.

또, 캐논전자의 자회사 스페이스원은 2019년 11월, 일본 최초의 민간 로켓 발사장 기공식을 열어 화제가 되기도 했다.

도치기현 출신인 사카마키 히사시가 시바우라공업대학(전자공학과)을 졸업하고 캐논에 입사한 건 1967년이다. 연구개발부서를 시작으로 기획, 사업부 등을 거쳐 1996년 생산본부장(상무)을 맡았다.

캐논 본사의 미타라이 후지오 사장이 사카마키 히사시 상무를 자회사 캐논전자 사장으로 발령낸 건 1999년 3월이었다. 캐논전자 공장은 도쿄 근교인 사이타마현 치치부에 있었다.

회사의 불필요한 묵은 때를 없애라

카메라, 비디오 정밀부품, 스캐너, 레이저 프린터 등을 만들던 캐논전자의 전신은 시계 제조사였다. 치치부의 츠루마키 도케이 에이코샤. 1950년 도산한 이 회사를 흡수한 게 캐논이다. 1954년 캐논의 생산 자회사 '치치부 에이코샤'로 설립되었고, 1965년 상호를 캐논전자로 바꿨다.

1999년 당시 캐논전자는 큰 적자 상태였다. 본사는 자회사 회생을 사카마키 히사시 상무에게 맡겼다. 캐논전자의 전임 사장은 사카마키가 본사에서 모셨던 상사였다. 그 상사는 "캐논전자를 재건할 사람은 사카마키 밖에 없다"라고 미타라이 후지오 본사 사장에게 진언했다고 한다.

사카마키 히사시가 캐논전자의 사장으로 취임하던 해 경상

이익률은 1% 정도에 불과했다. 취임 후 가장 먼저 한 일은 불필요한 공간, 불필요한 공정을 없애는 일이었다. 대표적인 것이 의자 없는 사무실. 꼭 필요한 부서를 제외하곤 의자를 치워버렸다.

시간을 많이 잡아먹던 회의도 서서 진행했다. "아이디어 자체는 앉아 있으나 서 있으나 별 차이가 없지만, 아이디어를 떠올리는 스피드는 서 있는 편이 30% 정도 빨랐습니다." 의자가 없는 건 사장실도 마찬가지였다.

사카마키 사장은 "의자를 없애면서 풋워크가 개선되었으며, 그 결과 사원들 간의 커뮤니케이션이 원활해져 생산성을 높이는 제1 요인으로 작용했다"라고 평가했다.

구체적으로 사카마키 사장은 '무엇이든 반으로 줄이자'라는 TSS $\frac{1}{2}$ 프로그램을 가동했다. TSS는 Time&Space Saving의 약자다. 실행 초기 사원들의 불만도 컸지만, 도입 4년 만에 목표를 달성했다. 이를 바탕으로 2003년부터는 조금 더 줄이는 TSS $\frac{1}{4}$ 운동으로 경영 개선에 나섰다.

그렇게 회사의 불필요한 '묵은 때'를 벗겨내면서 취임 6년 만에 이익률 10%를 초과하는 고수익 기업으로 변모했다. 사카마키 히사시 사장은 그러면서도 불필요한 인원 감축이나 해고는 일절 하지 않았다. 사원들과 관리자의 '발밑'을 잘 살핀 덕분이었다. 입사 32년 만에 조직의 톱(사장)에 올랐던 사카마키 히사시는 2021년 회장에 취임했고, 2025년 1월 명예회장으로 물러났다. 저서로는 《좌천 사장의 역습》 등이 있다.

모든 책임은 내가 진다

후세 다카유키
기린 맥주 전 사장

> 쉬운 영업은 한 번도 경험한 적이 없다.

갑작스러운 부음이었다. 그의 사망은 회사는 물론, 라이벌 회사까지도 큰 충격을 줬다. 기린 맥주의 후세 다카유키(布施孝之, 1960년~2021년) 사장. 그는 2021년 9월 1일 부정맥의 일종인 심실세동으로 쓰러져 병원으로 옮겨졌으나 사망했다. 한창 일할 61세였다.

> 겸허하고 상냥한 인품은 높은 자리로 갔어도 변함이 없었
> 고, 일반 사원 사무실 중앙에 있는 사장실의 문은 항상 열
> 려 있었다.

마이니치신문은 후세 다카유키 사장의 인간됨을 이렇게 평가했다. NHK는 "명문 부활을 완수한 주역"이라며 경영적 측면을 강조했다. 다카유키 사장은 치열한 맥주 업계의 점유율 싸움에서 실적이 침체했던 기린 맥주를 11년 만에 선두로 올려놓은 경영자였다. 그는 조직의 풍토를 바꾸고, 현장의 목소리에 귀를 기울인 CEO였다.

쉬운 영업이란 없다

> 본사가 말하는 건 듣지 말아라. 내가 모든 책임을 진다.

후세 다카유키는 영업 출신 사장이었다. 그는 오사카 지사장 시절 '오사카의 기적'이라는 실적을 이뤄 본사가 라이벌 아사히 맥주를 제치는 데 일등 공신 역할을 했다. 본사에 반기까지

들면서 아랫사람들을 챙기고 독려했던 그다. 기업 CEO치고 현장을 강조하지 않은 이들이 없었지만, 영업 출신의 후세 다카유키는 유독 현장의 목소리를 중시했다.

'잘되면 내 탓, 못되면 남의 탓'이라는 풍토가 지배적인 사회에서 "내가 모든 책임을 진다"라는 다카유키 사장의 말은 사망 이후에도 일본 비즈니스계에서 오랫동안 회자 되었다.

지바 히가시고교를 나와 와세다대 상학부로 진학한 그가 기린 맥주에 입사한 건 1982년이다. 고베 지점이 첫 근무지였다. 당시 기린 맥주는 60%가 넘는 시장 점유율을 유지하고 있었다. 아사히 맥주와 비교하면 압도적이었다. 후세 다카유키가 처음 영업으로 나선 건 하치오지 지점으로 이동한 1989년 가을이었다.

그 이전부터 아사히 맥주의 약진이 심상찮았다. 1987년 3월 내놓은 수퍼드라이가 대히트를 하면서다. 수세에 몰린 기린 맥주는 1990년 '이치방 시보리' 제품을 출시하면서 수퍼드라이의 기세를 잠시 억눌렀다. 하지만 1994년부터 아사히의 맹공은 다시 시작됐다. 그러다 2001년 기린은 아사히에게 점유율을 역전당하고 만다. 2위 추락은 48년 만이었다. 당시 기린 맥주 사장은 "패배를 솔직하게 인정하고 앞으로는 아사히가 아니라 고객을 보자"라고 선언한다.

그런 치열한 전쟁에서 후세 다카유키가 오사카 지사장으로 취임한 건 2008년 3월이다. 오사카는 전통적으로 아사히의 아성이었다. 2008년 그해, 다카유키의 오사카 지사팀은 별다른 성과를 내지 못했다. 연말, 다카유키 지사장은 직원들 앞에서 이렇게 말했다.

> 결과를 낼 수 없었던 것은 내가 여러분 모두에게 잘못된 방향으로 지시했기 때문이다. 미안하다. 하지만 내년 우리 오사카 지사는 전국 톱을 차지할 것이다. 그러기 위해선 본사의 말은 일절 듣지 마라. 본사로부터 내려오는 캠페인 활동은 무시해도 상관없다. 모든 책임은 내가 진다.

당시 지사 사원들은 본사의 전략에 문제점을 제기했었다. '이치방 시보리' 리뉴얼 제품이 호조를 보이고 있는데, 본사에서는 '라거'도 강화하라고 지시를 내렸기 때문이다. 다카유키 지사장은 "일선 술집과 식당에 '이치방 시보리' 리뉴얼 제품의 매력을 알리는데 전력을 다해 달라"고 당부했다.

그의 말대로, 2009년 오사카 지사는 크게 약진했다. 이것이 원동력이 되어 기린 맥주는 9년 만에 아사히를 제치고 시장 점유율 톱에 복귀했다.

고객을 가장 먼저 생각하라

큰 성과를 올린 다카유키 지사장에게 또 다른 임무가 맡겨졌다. 관계사인 코이와이 유업 사장 취임이다. 다카유키는 "임원도 아닌 내가 왜?"라며 자신의 임명을 두고 놀라워했다고 한다. 이례적인 인사 뒤에는 깊은 사정이 있었다. 2010년 3월 사장에 취임해 보니, 경영은 꽉 막혀 있었고, 구조조정을 준비하고 있었다.

취임 두 달 뒤인 5월, 구조조정 설명회 자리. 사원들의 눈에선 한결같이 분노가 흘러넘쳤다. "나쁜 것은 기린이다. 코이와이가 기린에 휘둘려서 경영이 악화되었다"라며 입을 모았다. 연말까지 구조조정을 단행하지 않으면 경영 재건은 불가능해 보였고, 자칫 기린 그룹 경영에도 영향을 미칠 상황이었다.

구조조정을 당하는 직원들도 힘들었지만, 칼자루를 쥔 다카유키 사장 역시 힘들긴 마찬가지였다고 한다. 그런 다카유키 사장은 대상자들에게 진심을 담아 일일이 편지를 썼다. 구조조정이 끝나고 나서 몇몇 대상자들이 거꾸로 편지를 보내왔다.

| 사장이 당신이어서 다행이었다. 편지에 감사했다. |

구조조정 직후인 2012년, 코이와이 유업은 '생유 100% 요구르트'를 간판 제품으로 내세워 매출을 크게 늘렸다. 회사도 정상적인 재건 수준에 올랐다. 다카유키 사장은 이런 경영 수완을 평가받아 2014년 3월, 기린의 영업회사였던 '기린 맥주 마케팅' 사장에 취임했다. 이윽고 이듬해인 2015년 3월에는 기린 맥주 수장에까지 올랐다.

사장에 취임한 다카유키는 '고객을 가장 먼저 생각하는 회사'라는 목표를 설정하고 영업 출신답게 직접 현장을 돌며 사원들과 대화를 반복했다. 주력 브랜드에 집중적으로 투자하면서 철저하게 고객을 이해하는 전략을 펼쳐 나갔다. 성과가 나오는 데는 오래 걸리지 않았다.

기린 맥주는 2020년 상반기 맥주류 전쟁에서 시장 점유율 톱에 올랐다. 11년 만에 아사히 맥주로부터 자리를 탈환한 것이다. 코로나바이러스 탓으로 가정용 수요가 늘어나고 제3의 맥주 혼기린 판매가 증가하면서다. 하지만 그것만으론 설명이 부족하다는 것이 업계의 주된 시각이었다. "다카유키 사장이 패배에 젖어있던 조직을 변혁시킨 결과"라는 것이다.

5장

진심

眞心

진심은
사람을 대하는 태도에서 드러난다.

조직의 구성원은 리더의 지시보다 그 마음을 먼저 읽는다. 조직원들은 눈으로 CEO의 진심을 읽으며, 진심 없는 리더는 결국 따르는 이가 없게 된다. 그런 점에서 리더의 진심은 조직을 움직이는 뿌리다. 사람과 사람을 잇는 가장 강한 끈, 그것이 진심이다. 진심은 리더가 쥐고 있는 마지막 무기다. 조직은 화려한 구호보다 진심에 따라 움직이며, 진심을 바탕으로 한 리더십은 조직을 하나로 묶는 접착제이자, 위기 속에서도 흔들리지 않는 버팀목이 된다.

뭘 하든 목숨을 걸어라

노무라 도쿠시치
노무라증권 창업자

세상에 대충 해서 얻어지는 건 아무것도 없다. 일이든 삶이든. 현상 유지 역시 마찬가지다. 한발 더 나아가지 않고선 얻을 수 있는 게 아무것도 없다.

일본 최대 증권사 노무라증권의 창업자 노무라 도쿠시치(野村德七, 1878년~1945년)는 "정지는 퇴보를 의미한다"라고 말했다. 또 그는 "뭘 하든 목숨을 걸어야 한다"라고 역설했다.

노무라 도쿠시치는 일본의 근대적인 증권업 시대를 연 인물이다. 노무라 그룹의 출발은 그의 아버지(초대 노무라 도쿠시치, 1850년~1907년)에서 비롯됐지만, 노무라증권을 설립하는 등 그

룸의 초석을 다진 건 아들, '2대 노무라 도쿠시치'였다. 아버지와 아들의 이름이 같아서 이름 앞에 '초대'와 '2대'라는 말을 붙인다.

세상에 대충 해서 얻는 건 없다

노무라증권은 일본 증권시장 점유율에서 오랫동안 상위권을 유지해 왔다. 노무라증권이 발표하는 경제·금융 분석, 보고서, 주가 전망은 일본뿐 아니라 아시아 금융시장 전체에 상당한 영향을 미친다.

그런 노무라증권의 가장 큰 장점으로는 '정보의 신뢰도'를 꼽는다. 과거부터 '조사의 노무라, 정보의 노무라'라는 수식어가 따라다녔다. 오사카의 중소증권사에서 도쿄를 넘어 글로벌 증권사로 도약하면서 '일본 증권업계의 걸리버'로 불렸다.

오사카 태생의 사업가 '초대 노무라 도쿠시치'가 환전소 노무라 상점을 개업한 건 1872년이다. 6년 뒤인 1878년, 그의 장남(2대 노무라 도쿠시치)이 태어났다. 1878년은 도쿄증권거래소(1878년 5월)와 오사카증권거래소(1878년 6월)가 설립된 해다. 일본 증권거래소가 설립된 해에 '일본 증권업계의 거인'이 태어났다는 건 묘한 인연이다.

'조사의 노무라'라는 말이 처음 생긴 건 1906년. 그해 '초대 노무라 도쿠시치'는 오사카매일신문의 민완기자 하시모토 키사쿠를 채용했다. 두 배의 월급을 주고 전격 스카우트했던 것.

그해 조사부를 만들어 책임자로 하시모토 키사쿠를 임명했다. 종전까지 증권 중개업은 '감'에 의존하고 있었지만, 노무라 상점은 업계 최초로 '조사'에 힘을 실었다.

노무라 상점이 독자적인 조사를 전개하면서 발간하기 시작한 것이 '오사카 노무라 상보'였다. 일반 고객들에게 배포했는데 전날의 시황, 이색 주식의 내용 분석, 경제 시사 문제 등 참신한 내용을 담았다.

'감'에 의존하지 마라

당시로서는 유례를 찾아볼 수 없는 고객 서비스였다. 독자들 사이에 큰 반향을 불러일으키면서 훗날 '조사의 노무라'라는 수식어가 만들어지는 계기가 되었다.

노무라 상점의 기초를 닦은 '초대 노무라 도쿠시치'는 1907년 위암으로 세상을 떠났고, 아들인 '2대 노무라 도쿠시치'가 가업을 이어받았다. 서른 살이 되던 1908년, 도쿠시치는 구미 열강들을 시찰(아사히신문 기획)하는 절호의 기회를 잡게 된다.

도쿠시치가 시찰에서 가장 관심을 가진 곳은 뉴욕 월가였다. "증권업은 금융기관과의 긴밀한 관계가 중요하다"라는 걸 실감하고 귀국 후 경영혁신을 단행했다.

제1차 세계대전을 거치면서 재력을 비축한 노무라 상점은 1917년 주식회사로 탈바꿈했고, 이듬해 '오사카노무라은행(현 리소나은행)'을 설립했다. 은행 이름에 오사카를 붙인 것은 다른 동명의 은행이 있었기 때문이다.

오사카노무라은행은 사업을 넓혀가면서 증권부를 신설했다. 은행업에서 증권부라는 명칭을 사용한 최초의 사례였다. 1925년 증권부가 독립해 노무라증권주식회사가 설립되었고 다음 해부터 영업을 시작했다.

40년 뒤 노무라증권은 영역을 더 넓혀 나갔다. 1965년 조사부가 독립해 일본 최초의 민간 싱크탱크이자, 일본 최대의 경영 컨설팅 회사인 노무라종합연구소(NRI)가 만들어졌다.

"뭐든 목숨을 걸고 하라"고 했던 '2대 노무라 도쿠시치'는 일본 패전 7개월 전인 1945년 1월 66세 나이로 사망했다. 그는 생전 다도 도구와 고미술품 수집이 취미였다. 그가 사 모은 컬렉션을 중심으로 1984년 교토에 노무라 미술관이 개관했다. 노무라 도쿠시치는 죽었지만, 그의 컬렉션은 노무라 미술관이라는 이름으로 남았다.

작은 일이라도 악바리가 되어라

고바야시 이치죠
한큐도호 그룹 창업자

에도 시대에 '게소쿠방(下足番)'이라는 직업이 있었다. 일종의 하인 신분으로, 지체 높은 집의 '신발 정리하는 일'이었다. 게소쿠방을 이야기하면, 대개 도요토미 히데요시를 떠올린다. 보잘것없던 도요토미 히데요시가 당대의 실력자 오다 노부나가의 게소쿠방을 하면서 출세했다는 일화는 유명하다. 날씨가 추운 날, 히데요시는 주군 노부나가의 짚신을 품에 안고 따뜻하게 했다가 내주었다. 여느 게소쿠방과 다르게 행동했던 히데요시는 훗날 천하를 거머쥘 수 있었다.

최고의 게소쿠방이 되라

고바야시 이치죠(小林一三, 1873년~1957년). 한큐도호 그룹의 창업자인 그는 게소쿠방의 의미를 다시금 강조했다.

> 신발을 정리하는 일을 맡았다면, 제일 잘할 수 있는 사람이 되어라. 그러면 누구도 당신을 신발 정리만 하는 심부름꾼으로 놔두지 않을 것이다.

하찮은 신발 정리지만 거기서 재미와 보람을 찾아 최고의 게소쿠방이 되라는 말이다. 그러면 그 과정을 지켜본 누군가가 게소쿠방에게 새로운 기회를 제공한다는 얘기다. 오다 노부나가 역시 천한 신분의 도요토미 히데요시를 게소쿠방으로 놔두지 않고 기용해 요긴하게 썼다. 고바야시 이치죠의 말인즉슨, 비록 작은 일, 하찮은 일이라도 악바리처럼 일하면 더 큰 일, 더 중요한 일까지 이뤄낼 수 있다는 것이다.

고바야시 이치죠는 어떤 경영자였을까? 한 사람이 세상을 바꿀 수는 없다. 하지만 고바야시 이치죠, '그'라면 말이 달라진다. 그는 늘 상식에서 벗어났고, 늘 발상의 전환을 시도했다.

일본 기업사에서 고바야시 이치죠는 가장 혁신적인 기업가, 또는 천재 경영자로 평가받고 있다. 그는 한마디로 새로운 라이프 스타일을 창조하면서 세상을 바꾸었다.

고바야시 이치죠가 일군 한큐도호 그룹은 한큐한신홀딩스(한큐 전철, 한신 전기철도 운영), H2O 리테일링(산하에 한큐백화점, 한신백화점), 영화사 도호를 중심으로 구성된 그룹이었다. 그 유명한 다카라즈카 가극단과 프로야구 한신팀까지 아울렀다.

한큐(阪急)는 오사카(大阪)의 '阪'과 급행의 '急'자를 붙여서 만든 회사 이름이다. 민간전철 한큐 전철은 오사카 우메다역을 거점으로 교토, 고베, 다카라즈카 등 간사이 지역 중에서도 인구 밀도가 높은 북서부 지역에서 운영되었다.

상식에서 벗어나 발상의 전환을 꾀하라

야마나시현 출신의 고바야시 이치죠는 1월 3일에 태어나서 이름에 한자 一과 三이 들어가 있다. 그는 게이오대에 입학해 연극과 문학에 심취했다. 첫 직장은 미쓰이은행. 34세까지 은행원으로 일했던 그는 앞으로 전철 사업이 유망할 거라는 판단

아래, 1907년 미노오아리마 전기철도(지금의 한큐전철)를 설립한다. 이때부터 그의 아이디어가 폭발한다. 그의 생각은 늘 상식에서 벗어났고, 더 나아가 늘 발상의 전환을 꾀했다.

단순한 철도 전철 사업이 아니었다. 철도를 깔고 연선(沿線)을 개발하고 인근 지역의 인구를 늘려 수요를 만들어갔다. 이른바 '사철 비즈니스 모델'을 내놓은 것이다. 구체적으로, 고바야시 이치죠는 오사카의 중심 우메다에서 거의 사람이 살지 않는 한촌에 기차를 달리게 했다. 모두가 "저런 시골에 기차를 다니게 만든다니 바보가 아닐까?"라고 생각했다.

그는 철도를 개업하기 전에 연선에 광대한 땅을 사들여 구획을 정리해 주택지를 개발했다. 아무도 거들떠보지 않는 시골 땅은 상당히 싸게 살 수 있었다. 고바야시 이치죠가 개발한 교외주택은 불티나게 팔렸다. 여기에다 그 주택을 일반 직장인이 구입할 수 있도록 할부(지금의 모기지)라는 지급 방법까지 생각해 냈다. 덩달아 한큐전철도 급속하게 성장했다. 그러면서 '교외에 살면서 도시로 통근한다'라는 새로운 라이프 스타일이 만들어졌다.

그렇게 형성된 대표적인 도시가 효고현의 다카라즈카시다. 다카라즈카시는 오사카에서 전철로 30분 거리에 있는 일종의

베드타운이다. 원래 작은 온천마을에 불과했지만, 오사카의 우메다와 다카라즈카 사이에 전철이 연결되면서 도시의 면모를 갖춰 나갔다.

고바야시 이치죠의 발상이 한 번 더 빛을 발휘한다. 그는 승객 유치를 위해 1913년 여성들만 출연하는 극단 '다카라즈카 창가대'를 만들었다. 이 창가대는 1940년 다카라즈카 가극단으로 이름을 바꾸게 되는데, 훗날 일본의 유명 예술 장르의 하나로 각광을 받게 된다. 이 극단의 명성에 힘입어 예술 도시로 변신한 다카라즈카엔 매년 엄청난 수의 관광객들과 공연 관람객들이 찾아든다.

세상에 없는 새로운 역발상 비즈니스

영화사 도호도 고바야시 이치죠의 손에서 탄생했다. 당시 다카라즈카 가극단의 인기가 전국적으로 높아지면서 도쿄 공연도 여러 차례 실시했다. 하지만 도쿄 팬들은 그걸로는 만족하지 못했다. 그래서 고바야시 이치죠는 1934년 도쿄에 다카라즈카 극장을 개업했다. 도쿄에서 동(東)자를, 다카라즈카(宝塚)에서

보(宝)를 끌어내 '동보(東宝)'가 탄생한 것이다.

여기서도 고바야시 이치죠의 생각은 거꾸로 움직였다. 먼저 도쿄, 오사카 등을 중심으로 전국 주요 도시에 영화관 네트워크를 구축하고, 그런 다음 배급회사를 만들고 마지막으로 영화 제작사를 만들었다.

역세권의 중요성을 가장 먼저 간파한 것도 고바야시 이치죠였다. 1920년 한큐 우메다역에 일본 최초로 철도역과 연계된 한큐백화점을 열었다. 지금이야 흔한 일이지만, 당시로서는 획기적인 개념이었다. 교외에 사는 사람들이 주말에 전철을 타고 도심으로 쇼핑하러 오면서 새로운 소비패턴이 형성됐다.

고바야시 이치죠가 처음 고안한 것 중엔 비즈니스호텔도 있다. 그 1호가 신바시 다이이치호텔이다. 이 호텔이 개업한 건 1938년이다. 당시 호텔이라 하면, 부자들만 이용한다는 제국호텔이 최고로 꼽힐 때였다. 하지만 제국호텔은 이용료가 너무 비쌌다.

예를 들면 오사카에서 도쿄로 출장 가는 사업가가 묵을 수 있는 곳이 아니었다. 고바야시 이치죠는 출장 경비로 사용할 수 있는 호텔을 만들자는 발상이었다. 방이나 욕조 등 시설을 조금 작게 꾸며 완전 냉방 시설을 갖췄다. 당시 제국호텔의 객실 가동률이 평균 50% 정도에 비해 다이이치호텔은 항상 90%에 이르렀다. 이렇게 비즈니스맨들을 위한 대중 호텔이 탄생했다.

이렇듯 비즈니스에 새로운 개념을 내놓은 고바야시 이치죠는 1934년 한큐 사장에서 물러나 도쿄전력에 스카우트됐다. 방만한 경영에 빠진 도쿄전력의 경영을 재건하고는 1940년엔 각료에도 참여해 내각상공대신으로 일하기도 했다. 그는 1957년 1월 사망하면서 "다카라즈카 가극단과 프로야구팀은 절대 팔지 마라"는 유언을 남겼다고 한다. 미술 수집가와 다인(茶人)으로도 유명하다.

세월이 지나면서 한큐의 명성은 많이 빛이 바랬다. 하지만 세상에 없던 것을 처음으로 세상에 내놓았던 고바야시 이치죠의 새로운 비즈니스 개념만큼은 훌륭한 사례로 기록되고, 기억되고 있다.

남들과 비슷하면 노잼이다

야마우치 히로시
닌텐도 전 사장

'니방센지(二番煎じ)'라는 단어가 있다. 한약이나 차를 두 번 달이는 것을 뜻한다. 한 번 달인 것을 다시 사용하는 재탕인 셈이다. 이 단어는 더 나아가 '남의 것을 모방하거나 복사한다'라는 뜻으로 의미가 확장된다. '일본 게임산업의 아버지'로 불리는 닌텐도 3대 사장 야마우치 히로시(山内 溥, 1927년~2013년)는 이 니방센지의 의미를 누구보다도 강조한 경영자였다. 야마우치 히로시는 생전에 이렇게 말했다.

> 필수품의 경우, (비슷한) 넘버 2 제품일지라도 가격이 싸면 팔립니다. 하지만 오락은 모방으로는 안 됩니다.

모방은 시장을 이길 수도, 고객에게 감동을 줄 수도 없다

일상생활에 자주 쓰이는 물건이라면, 가격이 싸면 카피 제품도 팔려 나간다. 하지만 재미가 생명인 오락(엔터테인먼트)에는 남의 것을 카피한 제품은 가격이 저렴하더라도 팔리지 않는다. 남의 것을 흉내 내거나, 모방한 제품으로는 시장에서 이길 수도, 고객에게 감동을 줄 수도 없다는 얘기다.

야마우치 히로시는 "오락은 항상 새로운 창조가 필요하며, 개량으로는 안 된다"라고 말했다. 오락을 기치로 내건 기업인 만큼 무엇보다 신선한 아이디어가 반영된 제품이라야 한다는 의미다. '개량'이라는 이름으로 살짝 덧입혀서도 결과는 마찬가지다.

이렇듯, 야마우치 히로시는 창조적인 인재 발탁에 밝은 눈을 가진 경영자였다. 그의 최대 공적 중 하나가 후계자 선택이라는 평가도 있다. 야마우치의 후임 사장은 세습 경영인도, 사내 임원도 아니었다. 야마우치는 2000년, 벤처 연구소에서 일하던 이와타 사토루를 스카우트해 사장으로 발탁했다. 당시 이와타의 나이는 42세였다.

당초에 야마우치의 후계자로 주목받던 사람은 사위였다. 교토대를 나와 미국 MIT에서 공부한 사위는 마루베니에서 일한 상사맨이었다. 닌텐도의 미국 진출 초기 '패미컴' 등 게임기를 미국에 보급한 공로자이기도 했다. 야마우치 히로시는 그런 미국법인 사장인 사위를 해임해 버린다. 그렇게 후임으로 선택된 사람이 외부 인사 이와타 사토루였다.

야마우치 사장은 한마디로 수수께끼 같은 인물이었다. 언론을 싫어해 방송에 출연하지 않았다. 책을 출판하지도 않았다. 경제단체인 경단련에도 들어가지 않았으며, 경영자 모임에 참석하는 일도 거의 없었다.

그런 그는 미국 프로야구 최초의 '비백인' 구단주이기도 했다. 1992년 시애틀 매리너스가 경영 위기에 처하자 최대 주주로 참여했다. 2008년 포브스지가 발표한 일본 최고 부자에서 랭킹 톱에도 올랐다. 닌텐도의 게임기 'Wii'가 경이적인 인기를 끌며 회사에 수익을 안겨줬기 때문이다.

알려져 있듯이, 가정용 게임기기로 유명한 닌텐도는 교토에서 창업한 화투 제조회사로 출발했다. 창업주는 야마우치 후사지로. 화가이자 장인이었던 그가 일본의 전통 화투(花札, 하나후다)를 만드는 가게 '임천당골패'(닌텐도곳파이)를 창업한 건

1889년이다. 골패(곳파이)는 일본의 상업용 카드 '카루타'를 지칭한다.

할 일을 다 하고 운을 하늘에 맡긴다

회사 이름 닌텐도(任天堂, Nintendo)는 한자 뜻 그대로다. '사람이 할 일을 다 하고 운을 하늘에 맡긴다'라는 의미를 담고 있다. 초대 회장 야마우치 후사지로는 손재주가 좋았다고 한다. 화투를 대량 생산하기 위해 도제들을 키웠고 닌텐도 카루타 사업을 확장해 나갔다. 은퇴 무렵, 닌텐도는 일본 최대의 카드 회사가 되어 있었다.

창업주 야마우치 후사지로에겐 아들이 없었다. 경영을 잇기 위해선 데릴사위가 필요했다. 그의 딸 야마우치 테이는 가네다 세키료라는 남성과 결혼했다. 가네다 세키료는 성을 야마우치로 바꾸고 '야마우치 세키료'가 됐다. 창업주의 '양자 사위'가 된 것이다. 그런 그는 1929년 닌텐도의 2대 사장에 취임했다.

어찌 된 일인지, 세키료-테이 부부 역시 아들이 없었다. 부부의 딸 야마우치 키미는 이나바 시카노조라는 남자와 혼인했다. 이나바 시카노조 역시 자신의 성 이나바를 버리고 야마우치 성을 얻었다. 야마우치 시카노조라는 이름의 닌텐도 상속자가 된 것이다.

야마우치 시카노조와 아내 키미 부부는 3대째 만에 귀한 아들을 얻었다. 이 글의 주인공인 야마우치 히로시다. 그런데 3대 사장 자리는 아버지 시카노조가 아니라 아들 히로시에게 돌아갔다. 히로시가 다섯 살 무렵, 아버지 시카노조가 집을 나갔기 때문이다.

야마우치 히로시는 와세다대 전문부 법률과를 다니다 22세에 갑자기 사장에 오르게 된다. 할아버지가 병으로 쓰러지면서다. 닌텐도의 3대 사장에 신출내기가 취임하면서 회사에 문제가 발생했다. 그를 기다리고 있던 것은 노동 쟁의였다. 젊은 사장을 싫어하는 사원들이 속출했다. 야마우치 히로시 사장은 그런 직원들과 간부들을 해고하고 자신만의 경영 스타일을 고집했다. 고통스러운 경험이었지만, 경영 수완으로 쟁의를 극복하고 사장직에 안착했다.

그는 닌텐도곳파이라는 회사 이름을 '닌텐도 카루타'로 바꾸었다. 1953년엔 일본 최초로 플라스틱으로 코팅한 카드를 대량 생산하기 시작했다. 이후 회사 이름은 카루타를 떼어내고

'닌텐도주식회사'가 되었다. 이처럼 야마우치 히로시는 닌텐도의 중흥시대를 열었다.

1981년 가정용 텔레비전 게임기 '패밀리 컴퓨터'를 내놓았는데, 패미컴이라는 애칭으로 사랑받으면서 일본에서 붐을 일으켰다. 패미컴 뒤에도 게임보이(1989년), 슈퍼패미콘(1990년) 등 신상품이 잇달아 출시되면서 닌텐도는 일약 세계적인 게임 기업으로 변신했다. 어느 언어권의 나라에서도 'Nintendo'는 게임기의 대명사가 됐다.

2000년까지 무려 53년간 사장을 맡았던 야마우치 히로시는 2013년 9월 19일 폐렴으로 세상을 떠났다. 당시 85세. 며칠 후인 9월 23일, 시애틀 매리너스의 홈구장인 세이프코필드에서는 구단주였던 야마우치 히로시를 추모하는 행사가 열리기도 했다.

재미는 일의 중요한 엔진이다

고바야시 요우타로
후지제록스 전 회장

> 이런 경영자는 더 이상 나오지 않는다.

일본 시사매체 슈칸겐다이(주간현대)는 고바야시 요우타로(小林 陽太郎, 1933년~2015년) 후지제록스 전 회장을 이렇게 평가했다.

> 이야기하면 이야기할수록 그의 팬이 되었다. 취재에 응해 준 감사 표시로 화과자를 보내면 며칠 후 지나칠 정도로 공손한 감사의 손 편지가 도착했다. 몇십 년 연하의 젊은 상대에게도 항상 경어로 이야기하는 사람이었다.

또 다른 경제매체 프레지던트는 고바야시 요우타로에 대해 다음과 같이 썼다.

> 진지하게 말하는 성실한 자세와 댄디한 행동거지. 한 번 보기만 해도 팬이 되고 만다. 남자가 남자에게 반하는, 그런 매력을 가진 경영자다. 실제로, 그의 밑에서 일했던 부하들은 정이 많고 상대를 진심으로 신뢰하는 그런 인품에 심취해 추억을 이야기할 때마다 눈물을 글썽이는 사람들이 많다.

두 매체의 평가가 거의 일치한다. 경영자는 실적으로 평가받기 마련이지만, 죽어서 이런 '인간 됨됨이'를 남겼다면 이 또한 성공한 삶이 아닐까?

재미가 없으면 일은 잘되지 않는다

고바야시 요우타로는 1933년 영국 런던에서 태어났다. 게이오대 경제학부 졸업 후 미국 펜실베이니아대 와튼스쿨에 유학,

당시 일본에서는 드물었던 MBA를 취득하고 귀국했다. 곧바로 아버지가 부사장(그 후 사장으로 취임)으로 있던 '후지사진필름'(지금의 후지필름)에 입사, 5년간 일했다.

1963년 후지제록스로 이직, 마흔네 살 되던 1978년 사장에 취임했다. 1992년엔 회장에 올랐고 2009년 퇴임 후엔 경제단체 경제동우회 대표 간사와 종신 간사를 맡았다. 외국 사정에 밝아 국제파 경영자, 기업의 사업공헌을 강조해 사회파 경제인으로 평가받았다.

그런 고바야시 요우타로는 버블 붕괴 직후인 1992년 '좋은 회사 구상'을 발표한 바 있다. 그는 회사의 사업 활동과 사회 공헌 외에 직원들의 일에 대한 '재미'도 빼놓을 수 없다고 강조했다.

고바야시는 사회공헌은 '재미'에서 출발한다고 했다. "재미있다고 생각하지 않으면 일은 잘되지 않는다. 일이 잘되지 않으면, 회사는 강해지지 않고, 사회 공헌도 할 수 없다."

고바야시는 한 인터뷰에서는 "재미있다고 생각하지 않는 일은 오래가지 못한다. 재미있다는 건 중요한 '엔진'이다"라고 말했다.

그런 고바야시는 1998년 젊은 일본 리더들을 육성하기 위한 비영리기구 '일본 아스펜 연구소(The Aspen Institute Japan)'를 설립하기도 했다. '미스터 후지제록스'로 불린 그는 2015년 9월 5일 82세로 생을 마감했다.

사회 공헌도 재미에서 출발한다

여기까지만 이야기하면 좀 아쉽다. 그의 아버지 고바야시 세쓰타로를 언급하지 않을 수 없다. 후지필름 3대 사장을 지낸 세쓰타로는 일본의 필름 국산화에 힘쓴 인물이다.

당초에 이와이 상사에 입사한 그는 1927년부터 런던지점에서 7년간 근무하다 1933년 '대일본 셀루로이드 사진필름'으로 이직해 영업부장 등 중역을 거쳤다. '대일본 셀루로이드 사진필름'은 어떤 회사일까?

제1차 세계대전 후인 1919년 설립된 이 회사는 셀루로이드의 새로운 수요처로 영화 필름의 장래성에 주목했다. 이 회사는 먼저 필름 기반 연구를 시작했다. 당시 사진 필름은 일본에서는 미개척 분야였다.

그래서 미국 코닥과 제휴를 제안했다. 하지만 코닥은 이를 거부했다. 그러면서 대일본 셀루로이드는 자력 개발을 결심하고 1926년 '필름 사업 자립 계획'을 실행에 옮긴다. 훗날 대일본 셀루로이드 사진필름부가 독립해 '후지사진필름'(지금의 후지필름)이 탄생했다.

후지사진필름의 노력으로 필름의 일본 국산화가 이뤄졌다. 이를 기반으로 1951년 일본 최초의 컬러 영화 '카르멘 고향에 돌아오다'(기노시타 게이스케 감독)가 제작됐다. 후지사진필름은 영화 제작 등 실적 확대를 통해 미국 코닥과 어깨를 나란히 하는 필름메이커로 발전하게 된다. 당시 이런 과정의 중심에 있었던 이가 고바야시 세쓰타로였다.

근성 근육을 키워라

도코 도시오
도시바 전 사장, 경단련 전 회장

성공하는 사람에게는 그 나름의 이유가 있는 법. 그 반대인 실패자에게도 역시 나름의 까닭이 있을 터. 그렇다면, 둘 사이에는 어떤 차이가 있을까?

하버드대학의 에드워드 밴필드 교수는 '시간 지평'이라는 연구에서 "성공한 사람과 실패한 사람의 차이는 자신의 인생 설계를 얼마나 긴 시간까지 고려하느냐에 달려있다"라고 주장했다. 당장 내일도 모르는데 어찌 수년 뒤, 더 나아가 10여 년 뒤의 일까지 생각하고 대비하겠는가?

일반인이라면 이런 혜안을 갖기 어렵다. 하지만 도코 도시오(土光敏夫, 1896년~1988년)라면? 그는 일본을 대표하는 전기 메이커 중 하나인 도시바 사장과 경단련 회장을 지낸 인물이다.

문제는 능력의 한계가 아니라, 집념의 결여다

도쿄고등공업학교(현 도쿄공업대학) 기계과를 졸업한 그는 조선소에 입사해 1922년 터빈 제조 기술을 배우기 위해 스위스에서 유학했다. 맹렬히 일하는 스타일 때문에 '도코 터빈'이라는 별명을 얻기도 했다.

1965년 경영난에 빠져 있던 도쿄시바우라전기(현 도시바)의 재건을 의뢰받아 사장에 취임했다. 특히 도코 도시오는 삼성그룹 창업주 고 이병철 회장과도 인연이 깊다. 이병철 회장은 자서전 《호암자전》에서 친분이 깊은 일본 경제계 인사로 그를 꼽기도 했다.

도코 도시오 역시 대단한 어록의 소유자였다. 대표적인 어록 중 하나가 "인간의 능력에는 큰 차이가 없다. 있다면, 그건 근성의 차이다"라는 것.

성공과 실패의 차이를 '인생 설계를 얼마나 긴 시간까지 고려하느냐?'라고 본 사람이 있는가 하면, 도코 도시오는 근성의 차이가 성공과 실패를 좌우한다고 강조했다. 비록 멀리 내다보는 혜안이 없더라도, 뭔가를 독하게 파고들면 성공에 가까이 갈 수 있다는 것이다. 사실 도코 도시오의 위 문장 뒤에는 이런 말이 뒤따라 붙는다.

> 해야 할 일이 정해졌다면, 집념을 가지고 끝까지 밀어붙여라. 문제는 능력의 한계가 아니라 집념의 결여다.

능력엔 차이가 없다. 있다면, 그건 근성의 차이다

일본 재계를 움직이는 경단련 회장을 지낸 도코 도시오지만, 그는 무척 청빈하고 검소하게 살았다고 한다. 약속이나 회식이 없을 때는 메밀국수 한 판으로 점심을 때웠다. 저녁 밥상은 집에서 아내가 차려주는 야채 조림, 된장국, 현미밥 단 3가지가 전부였다.

태평양전쟁 이후에는 이발소에 가본 적이 없다고 한다. 아들이 이발을 해줬다. 거기다 구멍 난 누더기 모자를 평소 쓰고 다녔다. 경단련 회장이 되고도 아침 출근길 교통수단은 늘 전철이었다. 하지만 카리스마 경영자답게 경영철학만큼은 매서웠다. 그는 이렇게 말했다.

> 회사가 망하면 직원도 없는 법이다. 회사가 망하기 전에 사원들은 지금보다 머리를 세 배 더 써라. 돈 많이 받는 중역들은 열 배를 더 일해라. 나는 그들보다 더 일하겠다.

이런 말도 했다. "회사에서 일하려면 지혜를 펼쳐 보여라. 지혜가 없다면 땀이라도 흘려라. 땀이 없다면 조용히 회사를 떠나라." 다시 한번 도코 도시오의 제1 어록을 강조해 본다. "능력에는 큰 차이가 없다. 있다면, 그건 근성의 차이다." 결론은 '근성 근육'을 키워보자는 얘기 아닐까?

타인의 이익이 곧 내 이익이다

요시다 타다오
YKK 창업자

세계 최대 지퍼 제조기업 YKK의 창업자 요시다 타다오(吉田忠雄, 1908년~1993년)는 초등학교 시절, 미국 철강왕 앤드류 카네기의 전기에 푹 빠졌다. 특히 '부는 독점해서는 안 된다'라는 대목이 눈길을 끌었다. 그리고 한 가지 더. 카네기의 묘비 문구도 마음을 움직였다.

> 어린 시절, 나는 《카네기전》을 읽고 감명받았다. 카네기는 세상을 떠나면서 묘비에 '자기보다 현명한 사람을 주위에 모이게 하는 법을 알고 있는 사람 여기 잠들다'라고 유언했을 정도로 대단한 사람이었다. 그래서 '타인의 이익을 도모

하지 않으면 스스로 번영하지 못한다'라는 생각을 평생 관철해 왔다. 나는 이 생각을 내 경영철학의 기본으로 삼았고, 나는 그것을 '선의 순환'이라고 부른다.

'선의 순환'. 요시다 타다오의 경영철학이다. 그는 생전 "타인의 이익을 도모하지 않고는 자신의 번영도 없다"라는 생각을 중요시했다. 타인의 이익(번영)→ 나의 이익(번영) → 기업의 이익(번영) → 사회의 이익(번영)으로 순환한다는 것이다.

요시다 타다오의 이런 '선의 순환'은 '일본판 CSV'라 할 수 있다. CSV(Creating Shared Value, 공유가치 창조)는 마이클 포터(하버드대 경영대학원 교수)와 마크 크라머(글로벌 컨설팅기관 FSG 설립자)가 2011년 하버드비즈니스리뷰에서 처음으로 제안한 개념이다.

하나가 불량품이면 전부 그렇다고 생각하라

1908년 도야마현에서 태어난 요시다 타다오는 소학교를 졸업하고 중국 도자기 수입상 가게에 취직했다. 이 가게는 전 세계적으로 불어닥친 대공황의 영향으로 도산하고 말았다. 하지만 이게 요시다에겐 전환점이 됐다. 당시 그 가게가 지퍼 수입도 하고 있었는데, 요시다 타타오는 창고에 있던 대량의 지퍼를 매입, 판매해 그 돈으로 도쿄에 회사를 세웠다. 스물다섯 살 때였다.

회사의 성장은 순조로웠다. 하지만 전쟁의 시기가 돌아왔다. 전시 통제령에 따라 지퍼의 재료가 되는 구리와 알루미늄은 사용할 수 없게 됐다. 태평양전쟁에서 공장이 모두 불타버리자 요시다는 고향으로 돌아가 지퍼 생산을 재개했다. 회사 이름도 요시다공업 주식회사로 바꿨다. 1946년엔 상표를 YKK로 정했다. 요시다공업 주식회사(Yoshida Kogyo Kabushikikaisha)의 영어 머리글자에서 따왔다.

당시 손으로 직접 만들던 지퍼는 품질이 좋지 않았다. 요시다 타타오는 그런 단점을 극복하기 위해 자동제조기를 미국에서 도입하기로 결심했다. 하지만 무모했다. 회사의 자본금이 500만엔 이었는데, 자동제조기의 가격은 무려 1,200만 엔에 달했던 것. 주위의 반대를 무릅쓰고 기계를 구입했다. 결과적으로 그의 결정은 옳았고 회사는 성장을 거듭했다. 1993년 타계한 요시다 타타오는 "하나가 불량품이면 YKK 지퍼는 전부 그렇다고 생각하라"라며 제품의 질을 무엇보다 중요시했다.

세계 70여 개 국가에서 120개에 가까운 현지법인과 계열사를 거느린 YKK는 세계 시장의 40%를 점유하고 있다. 회사 슬로건(Little Part, Big Difference, 작은 부분 큰 차이)은 작은 지퍼 하나로 세상을 바꾸겠다는 꿈을 담고 있다.

신뢰의 안테나를 높여라

이토 마사토시
세븐일레븐 재팬 설립자

일본 최대 편의점 체인인 세븐일레븐 재팬(7-Eleven Japan) 설립자인 이토 마사토시(伊藤雅俊, 1924년~2023년)는 보기 드물게 어머니를 '경영 스승'으로 꼽았다. "고객은 와주지 않는다"라는 상인 철학은 그의 어머니에게서 비롯됐다.

> 소년 이토 마사토시가 철이 들었을 때 그의 집은 콩자반 가게를 하고 있었다. 아침 일찍 일어나 콩자반을 비롯해 각종 반찬을 만들었다. 매진되는 날은 그리 많지 않았다. 마사토시는 팔다 남은 물건을 슬픈 마음으로 바라보았다. 남은 건 저녁 반찬으로 올라왔다.

고객은 와주지 않는다

마사토시의 어머니는 건어물 도매상을 하던 상인의 딸이었다. 장사 수완이 좋았을뿐더러 '상인의 도'를 잘 아는 재치 있는 여성이었다. 그의 어머니는 마사토시에게 이렇게 가르쳤다.

> 첫째, 고객은 와주지 않는다.
> 둘째, 거래처는 팔아주지 않는다.
> 셋째, 은행은 돈을 빌려주지 않는다.

이 말의 바탕에는 신용과 신뢰가 깔려있다. 신용과 신뢰가 담보되지 않으면 고객이 올 리 없고, 거래처도 도와주지 않을뿐더러 까다로운 은행 돈도 빌리는 게 불가능하다는 얘기다. 이토 마사토시는 "그런 어머니에게 상인의 도리를 배웠다"라고 술회했다.

세븐일레븐 재팬은 세븐&아이홀딩스의 자회사다. 세븐&아이홀딩스는 2020년에 창업 100년을 맞았다. 거슬러 올라가면, 1920년 도쿄 아사쿠사에서 이토 마사토시의 숙부가 버선 가게를 연 것이 그 출발이다.

마사토시는 그 가게에서 독립해 변두리에 어머니와 형과 함께 셋이서 양품점을 열었다. 그후, 1960년대 미국으로 건너가 체인스토어 시대의 도래를 예상하고 소매업체 '이토요카도'를 열었다.

이어 1973년 11월엔 미국 최대 편의점 체인 사우스랜드와 업무 제휴를 맺고 요크세븐(현재 세븐일레븐 재팬)을 설립했다. 이토 마사토시는 세븐일레븐 재팬 사장과 회장을 맡으면서 사세를 키워 나갔다. 2005년엔 이토요카도, 세븐일레븐 재팬, 요식업체 데니스 재팬 3사가 합병해 세븐&아이홀딩스가 만들어졌다. 이토 마사토시는 2005년부터 세븐&아이홀딩스 명예회장을 맡았다.

하나만 보지 말라

창업 100년을 맞았던 2020년. 이토 마사토시는 다시 한번 "어머니의 말을 지금까지 소중히 여기고 있다"라는 메시지를 직원들에게 전했다. 그의 어머니가 아들에게 했던 말 중엔 이런 것도 있었다.

> 청소를 위해 가게 앞에 물을 뿌릴 때는 자신의 가게 앞에만 뿌리지 말고 옆집 앞에도 뿌리거라. 그러면 점포의 규모가 크게 보인단다.

하나만 보지 말라는 것이다. 마사토시는 어머니의 말을 거울삼아 "항상 안테나를 높여 전체를 본다"라는 말을 남겼다. 그 안테나 길이가 높을수록 보는 범위가 넓어지는 법이다.

이익보다 양심이 우선이다

다테이시 요시오
오므론 전 회장

코로나바이러스는 2020년 일본 유명 경영자 한 명의 생명을 앗아갔다. 오므론 사장과 회장을 지낸 다테이시 요시오(立石義雄, 1939년~2020년)이다. 그해 4월 1일, 다테이시 요시오는 피로감을 호소했고, 다음날엔 발열 증세가 있었다. 5일엔 폐렴이 확인됐고, 다음날엔 코로나 양성판정을 받았다. 안타깝게 보름 뒤인 21일 숨졌다. 당시 80세. 평소 건강에 상당한 신경을 썼으며, 잘 웃는 호쾌한 성격의 소유자였다. 하지만 고령의 그도 코로나를 피해 갈 수는 없었다.

대기업병을 경계하라

오므론은 교세라, 일본전산과 함께 교토의 대표적인 기업이다. 1967년 지하철 자동개폐기를 만들어 유명해졌다. '첨단센서의 대명사' 오므론은 의료기기와 산업용 로봇(센서, 컨트롤) 분야에서 탁월한 실적을 내는 대기업형 벤처기업이다. 2015년에는 미국 산업용 로봇회사 어댑트 테크놀로지를 인수해 화제가 되기도 했다.

다테이시 요시오는 창업주 다테이시 카즈마의 셋째 아들이다. 다테이시 카즈마가 자신의 이름을 딴 다테이시전기(오므론의 전신)를 설립한 건 1933년이다. 그런 다테이시 카즈마는 일본에서 '대기업병'이라는 말을 처음 만들어 냈다.

그는 회사가 대기업병에 걸리는 것을 경계했다. 그래서 지금도 오므론은 '대기업형 벤처기업'으로 남아 있다. 덩치는 대기업이지만 스타일은 벤처기업인 셈이다. 이를 말해주는 것이 오므론의 '프로듀서 시스템'이다. 각 제품별로 프로듀서(단위 소사장)를 두고 전권을 가지고 개발, 생산하는 것이다. 이런 시스템은 오므론 성장의 밑거름이 되었다.

창업주의 아들 다테이시 요시오는 1939년 오사카에서 태어났다. 기독교 계열 도시샤고교(1958년)와 도시샤대 경제학부(1962년)를 졸업하고 아버지 회사 다테이시전기에 입사했다. 아버지로부터 경영 바통을 이어받은 건 1987년이다.

그는 "내가 사장이 된 후 사명을 다테이시전기에서 오므론으로 바꾸었다"라며 "다테이시가(家) 회사에서 탈피해 직원들이 '자신의 회사'라고 생각하도록 하기 위함이었다"라고 밝혔다. 다테이시전기는 그렇게 1990년 회사 이름을 오므론(OMRON Corporation)으로 변경했다. 오므론이라는 말은 회사 본사가 있던 교토의 '오무로'라는 지명을 따서 붙여졌다.

먼저 양심을 소중히 여겨라

다테이시 요시오는 16년간 사장을 지낸 후 2003년 회장으로 승진, 8년간 일했다. 창업가 회사 이미지를 벗어던지려 했던 그는 창업가 출신이 아닌 임원들을 연달아 사장에 발탁했다. 그런 그는 이익을 최우선 하는 경영자임에도 유독 '양심'을 중요시했다고 전해진다.

고교부터 대학까지 도시샤 계열을 다니면서 학교 설립자인

니이지마 조의 가르침을 잊지 않았다. 한국의 윤동주 시인이 다녔던 교토의 도시샤 대학 정문에는 유명 교육자 니이지마 조의 친필 문구가 새겨진 '양심의 비석'이 있다.

다테이시 요시오는 생전에 "이익은 어디까지나 결과에 불과하다. 중요한 것은 사람의 행복, 사회에 도움이 되는 것"이라는 신념을 입에 달고 살았다고 한다. 오므론의 매출을 두 배나 키웠던 그는 죽기 직전까지 13년간 교토상공회의소 회장을 맡을 정도로 열정적이었다. 일본 재계는 그의 별세와 관련해 "다테이시 요시오가 소중하게 여긴 양심이야말로 시대의 키워드"라고 평가했다.

사업과 정직은 서로 깍지 낀 손이다

모리나가 다이치로
모리나가제과 창업주

'정직'은 비단 한 개인의 심성에만 국한된 건 아니다. 장사나 사업에서 정직은 더없이 중요한 덕목 중 하나다. 고객이나 거래처 등에 대한 정직은 신뢰를 낳고, 더 나아가 그 신뢰는 자신과 회사에 성과로 되돌아오기 마련이다.

일본 창업주 중 이런 정직을 중요시했던 대표적인 이가 모리나가제과를 세운 모리나가 다이치로(森永太一郎, 1865년~1937년)다. 그가 도쿄에 '모리나가 서양과자 제조소'를 창업한 건 1899년이다.

모리나가 다이치로는 사가현에서 아리타 도자기 도매상의 아들로 태어났다. 삼촌의 도자기 사업을 돕기 위해 그는 24세

때인 1888년 미국으로 건너갔다. 하지만 큰돈은 고사하고 거액의 빚만 지게 됐다. 그는 귀국할 돈조차 없던 어느 날, 공원에서 시간을 때우고 있었다. 그런 그에게 60세 정도의 미국 여성이 다가와 말을 걸며 핸드백에서 뭔가를 건넸다고 한다.

사람의 운명은 아무도 모른다. 이 여성이 내민 '작은 뭔가'가 다이치로의 인생을 바꿀 줄이야. 여성이 건넨 건 예쁜 포장지에 싸인 캔디 사탕이었다. 다이치로는 포장지를 벗기고 입에 털어 넣었다. 단맛이 입안에 퍼지면서 "와! 맛있다"라고 외쳤다. 이런 과자는 일본에 없었을뿐더러 먹어본 적도 없었다.

그 순간 다이치로는 "맞아, 과자 장인이 되어보자. 양과자 제조 기술을 익혀 일본에서 이 분야의 선구자가 되겠어"라고 결심했다. 미국에서 10년 넘게 서양과자 제조법을 배우고 1899년 귀국해 도쿄에 2평짜리 매장을 열었다. 모리나가제과의 전신인 '모리나가 서양과자 제조소'다. 당시 나이 35세. "영양가 있는 맛있는 과자를 일본 어린이들에게 먹이고 싶다"라는 생각이 회사 설립 취지였다.

장사는 정직하지 않으면 번창할 수 없다

1914년 '모리나가 밀크카라멜'을 시장에 내놓으면서 다이치로는 '동양의 제과왕'이라고 불리게 됐다. 1935년 사장직에서 물러난 그는 기독교 포교 활동에 전념하다 2년 뒤인 1937년 세상을 떠났다. 당시 72세.

캔디 하나로 인생을 바꾼 모리나가 다이치로는 상인(경영인)으로서의 도덕을 강조했다.

> 장사(사업)는 정직하지 않으면 번창할 수 없다.

장사와 정직은 서로 떼려야 뗄 수 없는 관계이면서, 서로 '깍지 낀 손'이라는 의미다. 그는 또 "사업과 공익은 함께 가야 한다"라고도 했다.

모리나가 다이치로는 '일본 퍼스트레이디'와 혈연관계다. 아베 신조 전 총리의 부인 아키에 여사가 다이치로의 증손녀인 것. 정확히는 다이치로가 아키에의 외증조부다. 모리나가 다이치로의 아들 모리나가 타헤이(3대 사장)에게 에미코라는 딸이 있었는데, 그녀는 마쓰자키 아키오라는 남자와 결혼했다.

둘 사이에서 태어난 이가 아키에 여사다. 아키에의 아버지 마쓰자키 아키오는 모리나가제과의 사장을 지냈다. 이런 가문의 배경으로 아키에 여사는 정치 지망생 아베 신조와 결혼, 아베 가문의 일원이 될 수 있었다.

정도를 걸어라

나가세 토미로
카오 창업자

일본의 대표적인 생활용품 대기업 카오. 창업자 나가세 토미로(長瀬富郎, 1863년~1911년)가 미국제 비누와 수입 문구류를 판매하는 '나가세 상점'을 오픈한 건 1887년이다.

당시 얼굴을 씻는 비누 대부분은 미국제였다. 일본산 비누도 서서히 등장하기는 했지만, 품질이 나빴다. 가격이 저렴한데도 판매는 부진했다. 이에 나가세 토미로는 수입 비누 못지않은 국산 우량 비누 제조에 나섰다.

고급 비누 제조에 빼놓을 수 없는 것이 화학 지식이다. 그는 화학 지식을 잘 아는 약사의 도움을 받아 창업 3년 후인 1890년 '카오비누'를 탄생시켰다. 1개씩 왁스 종이에 싸서 '세 개 묶음'으로 오동나무 상자에 넣어 고급스러움을 연출했다.

'이 국산 비누로 얼굴을 씻어도 괜찮다'라는 의미에서 얼굴(顔, 카오)의 일본어 발음과 같은 한자 화왕(花王)을 제품명으로 썼다. '반달 얼굴' 모양의 마크도 이때부터 사용하기 시작했다. 1925년부터는 카오(KAO)를 회사 이름으로 쓰기 시작했다.

안일함은 기업의 심장을 겨누는 총알이다

카오의 도쿄공장에는 회사 역사를 보여 주는 박물관이 있는데, 여기에는 기업 이념도 새겨 놓았다. 이는 창업자의 경영철학이자 유언이기도 하다.

> 하늘의 도움은 항상 도리를 바르게 하고 기다려야 한다.

'정도를 걷는 경영'을 해야 사업 운도 뒤따라온다는 교훈이다. 이 말은 같은 시대를 살았던 '일본 자본주의의 아버지' 시부사와 에이치가 쓴 비즈니스 경영서 《논어와 주판》에서 강조한 도덕 경영과 맥을 같이 한다.

> 도리란 인(仁)과 의(義)와 덕(德)이 모두 일치한 것이다. 도리에 부합하지 않는 욕망은 어느 길로 나아가더라도 도리에 어긋난 이상 언제까지나 서로 뺏고 빼앗기는 불행을 겪게 된다.

또한 나가세 토미로는 정도(正道) 외에 창업 정신의 망각도 우려했다.

> 창업 정신을 잃어버리는 것이 가장 위험하다. 창업 정신이라는 것은 긴장의 정신이다.

늘 벼랑 끝에 선 것 같은 긴장감이 사라지는 순간, 기업이 쌓아 올린 모든 성취는 잿더미가 되고 만다. 안일함은 기업의 심장을 겨누는 총알이다.

시간이 흐를수록 빛이 나는
위대한 CEO들의 경영 어록
일언천금

초판 1쇄 발행 | 2025년 11월 3일
초판 2쇄 발행 | 2025년 11월 28일

지은이　　 | 이재우
펴낸이　　 | 전준석
펴낸곳　　 | 시크릿하우스
주소　　　 | 서울시 마포구 월드컵북로 400 서울경제진흥원 5층 23호
대표전화　 | 02-3153-1355
팩스　　　 | 02-3153-1356
이메일　　 | secret@jstone.biz
블로그　　 | blog.naver.com/jstone2018
페이스북　 | @secrethouse2018
인스타그램 | @secrethouse_book
출판등록　 | 2018년 10월 1일 제2019-000001호

ⓒ 이재우, 2025

ISBN 979-11-94522-15-7　03320

- 이 책은 저작권법에 따라 보호받는 저작물이므로 무단전재와 무단복제를 금지하며, 이 책의 전부 또는 일부를 이용하려면 반드시 저작권자와 시크릿하우스의 서면 동의를 받아야 합니다.
- 값은 뒤표지에 있습니다. 잘못된 책은 구입처에서 바꿔드립니다.